ちくま新書

江戸東京の聖地を歩く

岡本亮輔
Okamoto Ryosuke

1244

江戸東京の聖地を歩く【目次】

はじめに――物語都市・江戸東京の魅力

†なぜ江戸東京なのか

江戸東京と聖地。あまり馴染《なじ》みのない言葉の組み合わせだろう。

聖地には、高い山、巨木・巨石、深い洞窟などの変わった自然環境がつきもののようなイメージがあるかもしれない。世界屈指の大都市である東京にどのような聖地があるのだろうか。

本書では、聖地を物語によって他とは社会的に区別された場所と定義する。たいていの聖地には、そこで神仏が顕《あらわ》れた、奇跡が起きたといった物語がつきまとう。そして、その物語を真実だと信じて伝える人々が一定数以上存在すれば、その場所で独特の実践が行われ、シンボルとなる建造物が建てられたりする。換言すれば、場所にまつわる物語を伝える人々がいなくなれば、そこは特別な場所ではなくなるのだ。

こうした観点から、本書では「物語」を広い意味で用いながら、聖地について考えてゆく。

明らかにフィクションである神話や伝説はもちろん物語だ。これに加えて、何か事件や印象的な出来事が起こり、それが場所と関係づけられて伝えられる時の語りも物語として扱う。後者は、語っている本人たちが事実だと信じていても、しばしば虚実が入り混じる。要するに、その内容が事実かどうかは関係なく、特別な物語と紐《ひも》づけて語られ続けるのが聖地なのである。

近世以来、江戸東京には無数の人々が暮らし、数々の社会的・文化的・政治的・経済的な出来事が生じた。政権交代、急激な経済成長、悲劇の大量死、無残な虐殺もあった。こうした出来事が起きるたび、ある場所に何らかの物語が紐づけられ、それが共有されることで聖地が生み出されてきたのである。無数の物語が生み出され、それが急速に広まり、忘れられる。あるいは、同じ場所が別の物語で上書きされる。この速さがあるからこそ、江戸東京は物語から聖地を考える上で絶好の街なのである。

†外国人にとって伊勢神宮は聖地なのか?

もう少し具体的に考えてみよう。三重県には、神道で最重要視される伊勢神宮がある。パワースポット・ブーム(第五章参照)の影響もあり、二〇一〇年には八六〇万人という参拝者数を記録した。多くの日本人にとっては、伊勢神宮が聖地とされることに特段の違和感はないだろう。しかし、日本の宗教文化の知識がない外国人観光者にとってはそうではない。

日本を訪れた外国人旅行者の口コミが集められたウェブサイトがある。好意的な評価もあるが、伊勢神宮の素朴さに落胆したという声もある。伊勢神宮でもっとも聖なる場所である内宮《ないくう》には天照大御神《あまてらすおおみかみ》が祀られている。日本人の総氏神《そううじがみ》であり、神道の最高神とされる。しかし、内宮の外観はインパクトに欠けるのだ。

内宮の建築様式は伊勢神宮だけに見られる唯一神明造《ゆいいつしんめいづくり》だ。古代の高床式倉庫に由来するという由緒ある様式である。だが、その見た目は一般的な神社と比べても簡素な印象を与えるだろう。さらに、伊勢では、二〇年ごとに社殿を造り替える式年遷宮《しきねんせんぐう》と呼ばれる神事が行われてきた。そのため、伊勢神宮の建物はいつ見ても築二〇年以内で新しい。

神道の文脈では、この新しさは清浄さを示すなど、宗教的に意味がある。しかし、神道文化に馴染みのない外国人観光者が、そこから荘厳《そうごん》さや精神性を感じとるのは容易ではない。特に日光東照宮、金閣寺、伏見稲荷大社など、視覚的に分かりやすい寺社と比べるとつまらなく感じられる。その結果、内宮よりも、そこまでのアプローチの風景や五十鈴川《いすずがわ》の方が賞賛されたり、移動の手間を考えると滞在日数の短い観光者は行く必要はないといった意見も出るのだ。

†拡張現実としての聖地

伝統的な宗教の聖地の核心にあるのは、ほとんどが科学的・歴史学的には荒唐無稽《こうとうむけい》としか言いようのない物語だ。エルサレムには聖墳墓《せいふんぼ》教会と呼ばれる聖地がある。イエスが十字架刑に処されたゴルゴタの丘があったとされる場所だ。しかし、イエスが生きていた当時と現在では、エルサレムの地形や街並みは大きく変化しており、同地がゴルゴタの丘であった確証はない。

伝統宗教の聖地も、場所にまつわる物語によって成立している。物理的空間に物語が上書きされて意味を与えられることで聖地になるのだ。聖地とは、虚構と現実を重ね合わせることでしか立ち上がってこない拡張現実なのである。誰かがその場所の物語を語り伝えなければ、聖地は持続しない。したがって、聖地を考える際に鍵となるのは、いかにして場所に物語が紐づけられ、誰がそれを伝達しているのかを読み解くことなのである。

物語の持続性は聖地を考える上で重要だ。物語によって意味が与えられた場所を聖地とするのであれば、さまざまな場所が聖地になりうる。たとえば近年では、アニメや映画の舞台になった場所が聖地と呼ばれるようになっている。詳しくは終章で論じるが、成り立ちの構造だけを見れば、両者はほとんど同じだ。しかし、アニメ聖地は世代を超えた伝達力において劣る。あるいは、長い歴史の中で同じ場所の物語が徐々に改変されたり、別の物語で上書きされるといったダイナミズムに欠けるのである。

物語が作る拡張現実として聖地をとらえると、江戸東京は、聖地から考えるのに最適な場所だ。世界の都市の中でも、江戸東京ほど語られてきた場所はそれほど多くない。特に近世以降、江戸東京が持つ例外的な人口と経済的・文化的な蓄積は膨大な物語を生み出してきた。政治・経済・文化・軍事といった要因が聖地に影響を与える。それまで東京を代表する聖地として肯定的に語られてきた場所が、ある日を境に壊されたり、呪われた場所とされることもあった。祀られていた神が引きずりおろされ、忘れられてしまうこともある。都市的な変化に富むのが江戸東京の聖地の特徴だ。そして、その変化を見極めることで、東京の新たな魅力が引き出せるはずである。

江戸東京の神社仏閣をとり上げた本は無数に刊行されている。そのほとんどは東京を地域ごとに分け、それぞれの代表的な物件を紹介する形をとっている。こうした形が悪いわけではない。観光や散策のガイドとしてであれば、当然の形式である。

しかし、本書では地域による分類は行わず、テーマごとに章を設けた。たとえば、大手町の将門塚、本駒込の吉祥寺、下目黒の五百羅漢寺はまったく別の地域に存在する。それぞれの街の歴史も大きく異なる。だが、江戸東京の形成史を踏まえると、これら三つの場所は都市化する東京において、新たな聖地の形を模索したものとして読み解くことができる。

あるいは、入谷の太郎稲荷、三ノ輪の円通寺、目黒の近藤富士といった一般には知られていない場所がある。観光ガイドや街歩き本で本格的に紹介されることは少ない。だが、これらも江戸東京の歴史と現在を考える時、是非とも言及しなければならない聖地なのである。

†各章の概要

このような意図から、本書では、七つのテーマに沿って東京の聖地を紹介してゆく。一般的に知られている場所も、そうでない場所も含まれている。むしろ、場所にまつわる物語が知られすぎているような聖地は、あえてとり上げなかった。

序章では、本書の基本的な視座について述べる。近世以降の江戸東京の変化の速さについての証言、首都高の美醜《びしゅう》論争、神田明神の祭神追放問題などに触れながら、東京の聖地の考え方について解説する。

第一章では、アニミズムと関わる聖地をとり上げる。アニミズムとは、日本の宗教文化の基層を成す観念だ。日本では、山・滝・巨石・巨木・洞窟といった独特の自然環境に神仏が宿ると考えられてきた。そのためアニミズムは、都市よりも濃厚な自然環境が残る地域に見られやすい。だが、東京にも、アニミズム的聖地を見つけることができる。しかも、東京の環境に合わせて自然がコピーされたり縮小されるなど、都市的な加工が施されている点が特徴である。

第二章では、東京の中でも商業地に祀られる神仏に注目する。銀座・日本橋・上野・新宿など有数の繁華街にも聖地はある。バブル景気や街の発展の影響で、ビルの屋上に移動したり、他の寺社と合わさったりするなど、新しい形の聖地が生み出された。

第三章では、江戸東京の支配者の変遷を踏まえながら、聖地について見てゆく。大きく言えば、徳川以前の伝承が残る地、徳川王権の聖地、そして明治維新以降の聖地に区別できる。江戸東京の聖地は、首都に所在するがゆえに、政治体制の変化による影響の直撃を受けてきたのである。

第四章では、慰霊と追悼という観点から聖地を考える。すでに述べたように、江戸東京には、悲劇だけでも無数の物語が蓄積されてきた。戦争・震災・虐殺といった出来事によって、既存の聖地はどのような影響を被ったのか。とりわけ、江戸東京であるがゆえの匿名で大量の死者たちを弔《とむら》うために、聖地がいかに生み出されたのかを見てゆく。

第五章では、メディアが生み出す神仏の流行に注目する。江戸期、流行神《はやりがみ》と呼ばれる現象がしばしば起きた。小さな祠《ほこら》や社《やしろ》が一夜にして大量の参詣者を集めるようになるのだ。そして現代では、パワースポットとして新たな聖地が生まれている。いずれも、江戸東京という大都市の情報拡散の速さがもたらした現象である。

第六章では、フィクション作品が作る聖地について見てゆく。本書は物語をキーワードに聖地を定義する。その中でも、歌舞伎・講談・映画・テレビドラマといったメディアを通じて、実在の怪しい人物までもが祀られるようになった場所をとり上げる。

第七章では、江戸東京に作られてきた数々の塔に注目する。高い塔は否《いや》が応でも目に入り、その地域や時代を反映してしまう。寺院建築にはかつて五重塔は不可欠であり、近年では、新たに東京スカイツリーが作られた。本章では、高さが生み出した聖地について考えてみたい。

もちろん、右のようなテーマ設定が唯一完全なものではない。むしろ、本書への批判を出発点にして、新たなテーマやグループ分けが生まれ、そこから江戸東京の新しい魅力が発見されることがあれば、筆者にとっては望外の喜びである。

序　章　流動する聖地

†江戸東京に折り重なる物語

江戸後期、一八三〇年代に刊行された『江戸名所図会《えどめいしょずえ》』という本がある。江戸が地域ごとに七巻に分けられ、多くの挿絵と共に名所が紹介されている。昔のタウンガイドだと思えば良い。橋や高台のような風光明媚な景色を望める場所もとり上げられているが、神社仏閣に関する記述がきわめて多い。本書でも、しばしば『江戸名所図会』を参考にして、かつての風景をたどることになる。

『江戸名所図会』を上梓《じょうし》したのは、神田の名主の家に生まれた斎藤月岑《げつしん》（一八〇四〜七八）である。同書は月岑の祖父・幸雄、父・幸孝の三代に渡って書き継がれた。そのことを踏まえながら、月岑は冒頭に次のように記している。

およそ年序を経ること三十有余年、江都蕃昌《はんじょう》に随《したが》ひて、神社寺院、境地沿革するものすこぶる多し。一向の小祠《しょうし》も、須臾《しゅゆ》に壮麗たる大社となり、わづかの草菴《そうあん》も巍然《ぎぜん》たる荘厳となれるもの少なからず。あるいは祝融《しゅくゆう》の災ひ〔火災〕に罹《かか》りて、楼門回廊を焼失し、礎石のみ存するの類、興廃枚挙すべからず。しかりといへども、ときどきこれを改むることあたはず。ゆゑに今時の体に差《たが》へるもの多し。見るもの、いぶかることなかれ。（『新訂　江戸名所図会』二）

項目によっては、一七八九〜一八〇一年頃の祖父の代に書かれた部分が、孫の月岑の時代に刊行された。たった三〇年しか経っていないのだが、その間に多くの神社仏閣が変貌を遂げた。小さな祠や庵《いおり》があっという間に大規模な寺社になったり、逆に、火事で焼けてしまったものもある。しかし、そうした変化があまりに多すぎて、訂正しきれなかったというのである。

徳川家康が幕府を開いて以来、江戸東京は日本の政治・経済・文化の中心であり続けてきた。圧倒的な量の資本が数百年にわたって投下された。多くの人が集まり、さまざまな文化が持ち込まれて江戸東京で新たに開花した。そして、それは宗教文化についても同様だったのである。

†変化の速い東京の街

悲劇だけを大ざっぱに数え上げても、江戸東京には無数の物語が積み重なっている。

一八六七年、徳川幕府の二六〇年以上の長期政権が終焉した。勝海舟と西郷隆盛の会談によって江戸城は開城され、江戸総攻撃が回避された。無血開城という響きのせいか、明治維新にはそれほど血腥《ちなまぐさ》いイメージはないかもしれない。しかし、戊辰《ぼしん》戦争では、徳川家の聖地である上野の山で壮絶な流血戦が戦われた。敗者の遺体の残酷な見せしめも行われた。

維新から四〇年も経ないうちに、日本は日清日露という二つの対外戦争を戦うことになる。異国の戦場でも神々は生み出され、その物語は首都である東京の街に埋め込まれた。

そして、一九二三年、東京は関東大震災に見舞われた。昼に起きた地震は多くの火事を引き起こした。吹き荒れる強風のために被害は拡大した。内務省・大蔵省・警視庁などの官公庁をはじめ、ホテル・デパート・劇場も壊滅的被害を受け、一〇万人以上の死者が出た。東京帝国大学の図書館は三日間燃え続け、五〇万冊を超える蔵書が焼き尽くされた。

震災から一年後、小説『ドグラ・マグラ』などで知られる夢野久作《ゆめのきゅうさく》(一八八九～一九三六)が東京を訪れている。夢野は玄洋社系の九州日報記者という肩書で復興途上の東京を一カ月半ほど取材し、杉山萠圓《ほうえん》名義で見聞記「街頭から見た新東京の裏面」を残している。

万世一系のミカドの居ます東京——。

黄色人種中最高の民族のプライドを集めた東京――。

僅か五十幾年の間に日本をあれだけに改造した東京――。

思想でも流行でも何でもかんでも、日本でモテたり、流行《はや》ったりするものの大部分はここからはじまる東京――。

日光、京都、奈良そのほか日本の古美術や名所古跡に感心し、ゲイシャガールに涎《よだれ》を流し、能楽《ノーダンシング》に首をひねる前に、是非ここの黄色いホコリを吸わねばならぬことになっている東京――。

そのほかあらゆる意味に於てヤマト民族を代表し、国際問題の大部分に於て東洋を代表し、芸術なんどの方面ではうっかりすると人類文化の最も高い方面を代表しているところもある東京――。

その東京が一撃の下に殆《ほとん》ど全域にまではたきつぶされたという事は、日本全国はもとより世界の人々を驚かすに充分であった。

更にその一度たたきつぶされた東京が、どんな腰付きで、どんな表情をして起き上るかということは、全人類の視聴を惹くに充分であった。

記者が震災一年後の東京を見に行ったのも、この意味に外ならなかった。

夢野は東京市政の腐敗を批判し、人心の堕落を痛罵《つうば》する。立ち並ぶバラックを馬鹿にし、鍛《か》冶橋《じばし》から日本銀行へいたる中心街ですら死臭が残ると嘆く。だが、右の書き出しに顕著なように、東京が持つ異様な引力と変化の速さは、夢野ですら強調せざるをえなかったのである。江戸東京は世界でも有数の人口を誇り続けてきた。二〇世紀初頭に早くも二〇〇万人を突破し、現在では一三〇〇万人を超えている。埼玉や神奈川など近県を合わせた人口は三七〇〇万人を数え、世界最大の都市圏である。日本人の十分の一は東京に住み、三分の一は東京都市圏に住んでいる。人類史的に見ても例外的な人口密度と規模である。

東京が体験した最後の戦争では、人口密度の高さが悲劇を生み出した。大震災からおよそ二〇年後、東京は第二次大戦の敗戦にさしかかる。米軍の空襲が繰り返された。特に被害が大きかったのが一九四五年三月一〇日の東京大空襲だ。

阿佐田哲也《あさだてつや》(一九二九〜八九)は、戦後日本文学の金字塔『麻雀放浪記』(一九六九〜七二)を空襲の痕跡について述べることから書き始めている。

もはやお忘れであろう。或《ある》いは、ごくありきたりの常識としてしかご存知ない方も多かろう。が、試みに東京の舗装道路を、どことい わず掘ってみれば、確実に、ドス黒い焼土がすぐさま現われてくる筈《はず》である。

つい二十年あまり前、東京が見渡す限りの焼野原と化したことがあった。当時、上野の山に立って東を見ると、国際劇場がありありと見えたし、南を見れば都心のビル街の外殻が手にとるように望めた。つまり、その間にほとんど建物がなかったのだ。

国際劇場は現在の浅草ビューホテルの場所にあった。松竹歌劇団の公演などが行われた劇場である。上野公園から直線距離でおよそ二キロメートルだ。都心ビル街とは、新宿ではなく、東京駅周辺のことだろう。こちらは直線距離で四キロメートル弱だ。いずれの地域も現在では商業施設・住宅・寺社でいっぱいだが、そこからほとんど建物がなくなった。米軍の爆撃は東京の地形を変えるほどの傷痕を残した。阿佐田は次のように続ける。

人々は、地面と同じように丸裸だった。食う物も着る物も、住む所もない。にもかかわらず、ぎらぎらと照りつける太陽の下を、誰彼なしに実によく出歩いた。
盛り場の道はどこも混雑していた。ただ歩くだけなのだ。闇市もまだなかった。映画館も大部分は焼失していた。けれども人々は、命をとりとめて大道を闊歩《かっぽ》できることにただ満足しているようであった。

焼野原から復興する強さと速さも東京の特徴だ。集中する人と資本が異様な復興を成し遂げた。その過程では被害者の慰霊と追悼のための聖地も設けられた。

もちろん、東京を彩るのは悲劇ばかりではない。数百年来の成熟した都市文化は多くの神仏や聖人を生み出し、その物語が場所と結びつけられて語り継がれてきたのである。

†聖地の審美眼――首都高は醜いのか

東京は異様なまでの変化に富む。したがって、東京の聖地を訪れる際には、聖なる場所の背後にある社会文化の変遷を読み解くことが不可欠となる。

本書でとり上げる場所には、独特の自然環境や壮麗な建築物といった一般的な聖地のイメージとはかけ離れたものも含まれる。東京の寺社の多くは鉄筋コンクリート製の建物であったり、江戸期とはまったく違う場所に移転していたりする。あるいは、ビルのはざま、住宅街の真っただ中、繁華街の高架下などに存在する。

東京の聖地を訪れる時には、古ければ古い建物ほど価値がある、連綿《れんめん》と途切れることなく続いてきた寺社ほど重要であるという素朴な見方だけでは不十分だ。このことを示す例として、首都高の美醜をめぐる論争を見てみよう。

首都高の建設は渋滞解消を目的に、特に東京オリンピック開催をきっかけに進められた。急ピッチで完成させる必要があったため、用地買収に手間のかからない旧江戸城の堀や川の上に作られた。現在、首都高の路線長は三〇〇キロメートルを超え、首都圏の大動脈となっている。高度経済成長を支えた東京に不可欠なインフラである。

首都高に対しては、しばしばその外観に対する批判が寄せられる。中でも日本の道路網の起点となる日本橋上の高架は、特に厳しく批判されるポイントだ。二〇〇五年、小泉内閣によって、日本の美しい景観をとり戻すという働きかけがなされた。その一環で「醜い日本の景観」のリストが公開されたが、そこにも日本橋上の首都高が含まれていた。

ある建造物を美しいと思うか、醜いと思うか、なんとも思わないのかについては、さまざまな意見が生じうる。パリのエッフェル塔のように、当初は酷評されていたものが、時代を経ることで街のシンボルになるケースもある（第七章参照）。

いずれにしても、首都高について高度経済成長の産物が川面《かわも》を隠しているために江戸の風情を失わせていて美しくないという批判は短絡的だ。「醜い日本の景観」リストに限らず、東京の美しさが語られる時、江戸の情緒が指標とされ、戦後の経済成長を想起させるものは醜いと判断されがちだ。

しかし、東京という世界的に見ても変化の激しい街で、一つの時代の面影を唯一の美醜の基準にすることに正当性はあるのだろうか。仮にそれに従うとしても、多数の可能性の中から、意図的にその時代を基準として選んだことには自覚的であるべきだ。高度経済成長も東京史の重要な一局面だ。その過程で生み出された首都高は、江戸情緒を基準に醜いと評価されるべきものではない。そうした評価も可能だが、別の視点も許容されるべきである。

建築史家の五十嵐太郎は、日本橋上の首都高移設の推進論者たちが抱く伝統イメージの素朴さを批判している(『美しい都市・醜い都市』)。前述のように、首都高撤去の利点として、江戸の景観の回復が挙げられる。だが、現在かかっている日本橋は、明治期、西洋文化に対抗するためにヨーロッパの橋を真似てデザインされたものだ。橋上から首都高を撤去しても江戸の面影は戻るはずもない。五十嵐は、むしろ首都高の撤去に合わせて川沿いの貴重な近代建築が破壊されてしまうことを危惧するのである。

同じことが、東京の聖地についても言える。

大震災や大空襲といった災厄は、東京の寺社と風景に大打撃を与えた。そのため、東京の聖地は何度も補修されている。しかし、そうして補修再建された寺社を僻地《へきち》に残る建造物と比較して、歴史的価値がないとするのは素朴すぎる。注目すべきは、たび重なる破壊や被災にもかかわらず、江戸東京の聖地がそのたびに作り直されてきたプロセスそのものなのである。

こうした視点は、東京以外の寺社を見る時にも必要だ。京都には古い寺社が残るイメージが強いが、実は市内最古の木造建築は上京区の大報恩寺《だいほうおんじ》の千本釈迦堂だ。この本堂は鎌倉初期の一二二七年に造られた洛中でも数少ない中世建築であり、それ以外の京都の寺社のほとんどは室町期・江戸期・明治期のものだ。東京に限らず、建物の古さだけを基準にすると、多くの寺社は見るに値しないものになってしまうのである。

†神田明神――追放された将門

江戸東京の聖地の変化の激しさを示すものとして神田明神（千代田区外神田二丁目）の例を見てみよう。同社は、土地柄もあって江戸のシンボルとして語られることが多いが、実は、祭神の追放と復活という歴史がある。

神田明神は千年以上の歴史を誇る。家康が関ヶ原の合戦前に戦勝祈願を行ったと伝えられ、幕府が開かれると、鬼門を守る江戸総鎮守として崇敬《すうけい》を集めた。そして神田祭は、山車《だし》が江戸城内に入ることが許され、天下祭《てんかまつり》と称された。神田明神は幕府がその格式と権威を認めた公的聖地だったわけである。

しかし、明治維新が神田明神に大きな影響を及ぼした。同社の祭神には平将門が含まれている。天慶《てんぎょう》の乱を起こし、新皇を称した将門は、太田道灌や北条氏綱といった徳川以前の江戸の支配者にも尊崇された。だが、明治政府から見れば、将門は天皇の権威に反抗した朝敵であった。そして一八七四年、明治天皇親拝をきっかけに将門は神田明神の本殿から外され、代わ

初詣の神田明神

りに、茨城県の大洗磯前《おおあらいいそさき》神社から少彦名命《すくなひこなのみこと》が分祀《ぶんし》されてきたのである。
首都の聖地だからこそ、国家体制の変化が神社を直撃した。朝敵が追放され、国造りの神が招かれたのだ。ちなみに、一八八三年には、将門を討った藤原秀郷《ふじわらのひでさと》に対して贈位するよう栃木県知事が上申している。同県佐野市に秀郷を祀る唐澤山《からさわやま》神社があるためだろう。政変が神社や祭神の位置づけと直結したのである。
明治政府による将門追放に対して、地元東京の人々は強く反発した。神田明神は、幕府公認の聖地であると共に、江戸庶民からの信仰も篤《あつ》かった。千葉県に毎年全国二位の初詣《はつもうで》客を集める成田山新勝寺がある。歌舞伎の歴代の市川團十郎が信仰することでも知られる。新勝寺は将門調伏のために開山されたことから、今でも、神田明神の氏子《うじこ》や崇敬者は参拝してはならないと伝えられているくらいだ。

東京の人々の印象では、明治政府は薩摩や長州といった異郷の人々が作り出したものだ。将門追放は、東京とは無縁の人々による聖地の暴力的解体であり、反発が起こるのも無理はない。抗議として、祭神変更を認めた宮司は追放され、神田祭は一〇年にわたって中止された。

その後も、氏子たちは粘り強く運動を続け、実に一一〇年後の一九八四年、将門は祭神に復帰した。復帰の少し前の一九七六年、将門を主役とするNHK大河ドラマ『風と雲と虹と』が放映された。宮司と氏子総代は、ドラマによる人気上昇も受けて祭神復帰をかけあったとされる。新勝寺の節分には、大相撲力士と大河ドラマ出演者が登場するのが恒例となっているが、『風と雲と虹と』の出演者は参加しなかったという。

神田明神の将門をめぐる変遷も、東京という変化に富んだ都市であるからこそ生まれたものだ。東京の聖地は、時として、国家、地方から東京へやって来た人々、地元の人々といった色々な集団の思惑が交錯する場になるのである。

†濠北方面戦没者慰霊碑——世界一地価の高い聖地？

東京の聖地の移り変わりの速さを示すものとして、もう一つとり上げたい場所がある。この聖地は、東京でも有数の地価の高い場所に奇妙な形で残されてしまった。

場所は、九段の靖国神社の大鳥居の向かいの歩道の一画だ（千代田区九段北一丁目）。靖国神社の敷地とは早稲田通り一本を挟んだだけである。正式名称は濠北《ごうほく》方面戦没者慰霊碑だ。第二次大戦時にオーストラリアの北方で命を落とした兵士たちのための慰霊碑である。

「魂」と刻印された岩が中央に置かれ、背後にはコンクリートのブロック塀がある。「南十字の星の下　身を捧げた友のあゆんだ途は遠く険しかった　今は昔ながらの故国に生きて　立ち直る国の礎となっている御霊《みたま》に限りない敬意と溢れる愛情を覚え不変の石に心をこめて　亡き友よ永遠に安かれと祈って此処《ここ》にこれを建てる」という文が刻まれている。元陸軍中将の豊嶋《てしま》房太郎を会長とする濠北方面戦没者慰霊会によって、一九六四年一一月三日に建立された。

靖国神社や帝国陸軍の社交場だった偕行社《かいこうしゃ》が存在した九段の土地柄を考えれば、こうした慰霊碑があるのは不思議ではない。だが、岩の大きさと背後の塀のバランスが少しおかしい。実は、この慰霊碑は、立地や造形も含め、数奇な変遷をたどってきた。

この慰霊碑は、かつて存在した尼港《にこう》遭難記念碑を流用して造られた。尼港とは、シベリア出兵の際に日本が占領していたロシア極東部、アムール川の河口域のニコライエフスクのことだ。一九二〇年、ロシア革命による内戦の中、非正規軍であるパルチザン部隊約四〇〇〇名が尼港を襲撃した。日本軍守備隊が対抗して一度は休戦状態となったが、結局は、ロシア人住民約六〇〇〇名と共に、日本人の守備隊と居留民《きょりゅうみん》七〇〇名以上が虐殺されたのである。

濠北方面戦没者慰霊碑

尼港事件はその後の対露感情にも大きく影響した事件であり、各地で記念碑が造られた。北海道小樽市は尼港との定期船の発着港であったため、一九二四年、犠牲者の遺骨を引きとり、永久保存することを決定した。一九三七年には、篤志家《とくしか》の寄付を元に現在の手宮公園に納骨堂と追悼碑が建立され、犠牲者のための霊場が整備された。同年、熊本県天草市でも尼港事変殉難者碑が建立された。亡くなった日本人居留民の三分の一が同地出身だった。茨城県水戸市では、一九二二年、在郷軍人会によって尼港殉難者記念碑が建立された。日本軍守備隊の陸軍第一四師団の駐屯地が水戸にあったためである。

そして一九二四年、九段にも尼港遭難記念碑が建立された。築地本願寺の追悼大演説会で建設が決議され、義捐金《ぎえんきん》が呼びかけられた。陸軍中将の堀内文次郎らが中心となって六万円ほどが集められた。当初は日比谷公園内に建設するはずだったが認められなかった。結局、靖国神社向かいの大蔵省所有の空き地が払い下げられた。場所は靖国神社向かいの現在の九段坂公園のあたりだ。今でも公園には品川弥二郎と大山《おおやま》

虐殺を伝える絵葉書「尼港市街焼跡惨状（西部）」

巌《いわお》の像があるが、空きスペースになっている二つの銅像の間にあったようだ。設計は、京都帝国大学建築学科を創設し、「関西建築界の父」と言われた武田五一（一八七二〜一九三八）が担当した。一九〇〇年代初頭にヨーロッパに学んだ武田は、アール・ヌーヴォーやウィーン分離派の影響を受けた建築家である。

尼港遭難記念碑も、「嘆きの天使像」など、他の殉難者碑《じゅんなんしゃひ》や慰霊碑とは大きく異なるデザインだったことが、残された写真からうかがえる。当初は武神像が作られるはずだったが、対露感情の悪化を懸念して、正義の象徴である天秤を持った女神や天使になったのである。その後、記念碑は、九段坂の拡幅工事のために現在地に移された。碑が西欧風であることについては当時から批判があった。建設から三年後の朝日新聞では、碑のデザ

尼港遭難記念碑（『武田博士作品集』）

インが西洋風の最新式ではあるが、靖国神社の大鳥居や大燈籠と不調和であり、和洋折衷の悪趣味なものとして批判されている。

さて、第二次大戦敗戦後の一九四六年、「公葬等について」という内務文部次官通達が出された。「忠霊塔・忠魂碑その他戦没者のための記念碑・銅像等の建設」が禁止され、公共の建造物や用地にすでに存在するものは撤去された。この時に九段の尼港遭難記念碑は廃棄されたと思われる。そして台座だけが残され、それを流用して濠北方面戦没者記念碑が建てられたのである。

当然、小樽の追悼碑も通達の対象であったが、市民の強い意向から残され、現在も都市公園法に基づいて保全されている。天草の場合も、殉難者碑に隣接する東明寺で毎年三月一二日に犠牲者のための慰霊祭が続けられてきた。二〇〇〇年代に入って高齢化のために遺族会が解散して規模は縮小されたが、毎年同日に慰霊のための読経が続けられている。

同じ慰霊や追悼の場であっても、小樽や天草の事例と比較すると、東京の方が政治体制や社会の変化を受けやすい。東京では、地方で看過されるような慰霊や追悼の場の保存も難しい。また、次々と新しい記憶が降り積もるため、新たな慰霊のためにかつての慰霊の場が流用されるようなことが生じたわけである。

そして現在、濠北方面戦没者慰霊碑も忘れられつつある。慰霊碑のある場所は、厳密には千代田区の区道上であり、一九九九年の区議会でもその点に疑義が呈された。だが、慰霊碑が作られた一九六四年当時、公道使用が許可された経緯や根拠についての記録は残されていなかった。また、道路占用許可を三年ごとに更新する必要もあるが、一九九七年以降は行われなくなっている。背景にあるのは申請者や遺族の高齢化だ。場所にまつわる物語を語る人々が減少したことで、同地は聖性を失いつつあるのだ。

†紅葉山――見えない聖地の変遷

一九六〇年代、フランスの哲学者ロラン・バルト（一九一五～八〇）は二度にわたって日本を訪れた。そして、滞在経験に基づいて執筆した日本論において、皇居を東京の空虚な中心と評したことは比較的知られている。

バルトによれば、ロサンジェルスのような網目状の都市には中心がなく、不快感を与える。それに対して、西欧では街の中心に文明を集中させてきた。教会・官庁・銀行・デパート・カフェ・広場などが中心に配置され、それぞれが精神性・権力・金銭・商業・言語を代表する。だが、東京はいずれとも異なる。中心にあるのは旧江戸城、つまり皇居である。

わたしの語ろうとしている都市（東京）は、次のような貴重な逆説、《いかにもこの都市は中心をもっている。だが、その中心は空虚である》という逆説を示してくれる。禁域であって、しかも同時にどうでもいい場所、緑に蔽われ、お濠によって防禦されていて、文字通り誰からも見られることのない皇帝の住む御所、そのまわりをこの都市の全体がめぐっている。毎日毎日、鉄砲玉のように急速に精力的ですばやい運転で、タクシーはこの円環を迂回している。この円の低い頂点、不可視性の可視的な形、これは神聖なる《無》をかくしている。

（『表徴の帝国』）

東京の中心には森が広がるばかりで、皇居は見えない聖地だというのである。バルトの議論はたしかに斬新だ。しかし、バルトが目にしたのはあくまで戦後の皇居であり、江戸城以来の歴史的変遷は射程に入っていない。

城として見た場合、江戸城には他にはない特徴がいくつもある。そもそも八〇〇年もの歴史を持つ城は珍しく、江戸氏・太田氏・上杉氏・北条氏・徳川氏・天皇家と六度も主を替えてきた。一つの城が豪族館・中世城郭・近世城郭を経て近代宮殿になった珍しい例でもある（村井益男『江戸城』）。

さらに、江戸城は江戸期最大の巨城であったが、中でも紅葉山《もみじやま》が聖地であった。紅葉山とは、江戸城の本丸と西丸の間にある小丘だ。元々は古墳だったとも伝えられる。目青《めあお》不動として知られる世田谷の最勝寺の縁起では、同寺はかつて紅葉山にあったが、道灌の築城の際、現在地に移されたと伝わる。確証には乏しいが、紅葉山が古くから聖域と見なされてきたことを示すエピソードである。

江戸に入った家康は、まず紅葉山を書庫として用いた。一六三九年、貴重書の保存のために書物蔵が作られたのだ。歴代の書物奉行には、青木昆陽、近藤重蔵（第一章参照）、高橋景保など、当代一級の知識人たちが含まれていた。

そして家康の死後、一六一八年、紅葉山に東照宮が作られた。東照大権現《とうしょうだいごんげん》として神になった家康が祀られたのだ。年に七回、家康の命日である一七日に、前夜から斎戒沐浴《さいかいもくよく》した将軍が紅葉山東照宮に参詣した。紅葉山御社参と呼ばれる幕府の重要行事であった。後には歴代将軍

紅葉山東照宮（『江戸屏風図』）

の霊廟《れいびょう》も作られ、紅葉山は徳川将軍家の聖所となったのである。

しかし、明治維新が聖地・紅葉山の様相を一変させた。天皇家が新たな主となり、江戸城は宮城になった。明治になって間もない一八六九年、紅葉山東照宮は撤去され、代わりに養蚕所《ようさんじょ》が設置された。開国後の明治日本においては生糸が主要な輸出品となった。皇室の養蚕は、新時代の基幹産業の奨励のためであった。それが旧徳川聖地の紅葉山に置かれたことに象徴的な意味を読み込んでも良いだろう。

江戸東京の聖地は実に流動的

な場である。四〇〇年以上の首都にあるからこそ、社会文化や政治経済の変化の影響を直に受ける。その結果、場所の物語が想起されたり、忘却されたりする。場所が孕《はら》む物語が過剰に意識され、聖地が意図的に破壊されたり変容したりする。こうした変遷を読み解くことが、江戸東京の聖地を考える醍醐味なのである。

第一章

アニミズムの聖地——世界的大都市における自然崇拝

1 富士信仰

†アニミズムの世界観

日本の宗教文化を考える際には、アニミズムという概念が鍵になる。自然崇拝や精霊信仰と訳されるが、要するに、自然そのものに神仏を見出す世界観だ。日本では、巨石・巨木・高山・滝・洞窟に神仏が宿り、風雨のような自然現象も神仏が引き起こすと信じられてきた。各地の霊山や寺社の境内に置かれた注連縄《しめなわ》の張られた神木や巨石など、いたるところにアニミズムの痕跡が見てとれる。

神社仏閣には社伝や縁起《えんぎ》というものがある。その宗教施設が、いつ頃、誰によって、どのような経緯で作られたのかという物語を提示するものだ。歴史的事実に基づくものもあるが、明らかにそうでないものも多い。神話上の人物の事績、龍や鳳凰といった想像上の生き物の出現などが語られる。多くの場合、巨石や巨木への信仰が先にあり、その上に後から神道や仏教の物語が重ねられたと考えて良い。

江戸東京における自然崇拝というのは、なかなかイメージしにくいだろう。それでも、アニミズムを念頭に訪れると面白い場所はいくつもある。たとえば、江戸東京では、アニミズムの元となる山や洞窟をコピーして崇拝した。そしてそうした場所には、オリジナルと同じような神仏や不思議な力が宿ると信じられたのである。

†東京の富士信仰

アニミズムという点から見ると、江戸東京における富士山人気の高さは特筆に値する。地理的には一〇〇キロメートル以上離れている。だが高層ビルが建つ前は、江戸東京の背景にはいつも富士があった。

小島烏水《うすい》（一八七三〜一九四八）は、銀行家・登山家・随筆家・絵画収集家として多彩な人生を送った人物だ。小島は、現在の三菱東京ＵＦＪ銀行の元となる横浜正金銀行を定年まで勤め上げた。海外支店にも勤務し、シアトル、サンフランシスコ、ロサンジェルス、タコマなどを訪れた。そんな小島が、海外から久々に日本に戻った時のことを書いた「不尽の高根」という文章が残されている。帰国後、小島は日本橋に勤務し、その社屋から富士を眺める。

ある日「富士が見えますよ」と、隣の机から呼びかけられて、西日さす銀覆輪《ぎんぷくりん》の雲間から、この山を見た、それが今まで、雨や、どんよりした花曇りに妨げられて、逢いたくて逢えない顔であった。私は躍り上るように喜んだ、ほんとうに、久しく尋ねあぐんでいたのだ。雲隠れする最後の一角まで、追い詰めるように視線を投げた。

そして小島は、富士山が東京の山であることを思い出す。

この東京が、かつて江戸と呼ばれたころには富士山が「自分たちの山」として崇められていたことであった。少くとも、今のように忘れられていなかったことだ。太田道灌の「富士の高根を軒端にぞ見る」という歌は、余りに言い古されているとしても、江戸から富士を切り捨てた絵本や、錦絵や、名所図会が、いまだかつて存在したであろうか。(中略)この山の強さは、依然我胸を圧す。この山の美しさは、恍焉として私を蠱惑《こわく》する。何世紀も前の過去から刻みつけられた印象は、都会という大なる集団の上にも、不可拭の焼印を押していなければならないはずだ。東京市の大きい美しさは、フッド火山を有するポートランド市の如く、レイニーア火山を高聳させるシアトル市の如く、富士山を西の半空に、君臨させるところに存すると考えられる。

東京の美しさは富士を背景にすることで引き立つ。だからこそ、小島にとって、帰国後最初に登るのは「私たちの山」である富士以外には考えられなかったのだ。

江戸東京での富士人気は江戸期にさかのぼる。一八～一九世紀前半、江戸庶民の間で富士信仰が流行した。火付け役となったのが食行身禄《じきぎょうみろく》（一六七一～一七三三）である。身禄は、江戸初期に作られた富士信仰の教義を発展的に継承し、私財を投じて富士信仰を広めた。その生涯は新田次郎（一九一二～八〇）の名作『富士に死す』で活写されている。

小説のタイトル通り、身禄は、富士山七合五勺《しゃく》（現・八合目）の烏帽子岩《えぼしいわ》の岩穴で亡くなった。死ぬまで断食する宗教的自死であった。亡くなるまでの間、身禄が弟子に向かって説いた内容が教義となり、富士講と呼ばれる巡礼組織が江戸市中で無数に作られた。

講とは、寺社や霊山に参拝するための信徒団体だ。たいていは五〇～六〇人程度だが、大きな講の場合、二〇〇名ほどのものもあった。こうした講が最盛期には「江戸八百八町《はっぴゃくやちょう》に八百八講」と言われるほど存在していたのだ。

しかし、庶民が毎年富士に登拝するのは、金銭的にも身体的にも容易ではない。そこで造られたのが富士山の縮小コピーである富士塚だ。多くの富士塚は四～一〇メートル程度の高さだ。一合目から山頂まで実際の登山道を模して作られ、烏帽子岩や人穴《ひとあな》といった実際の巡礼ポイントも再現されている。

†小野照崎神社

明治以降、富士講の活動は公認されず、下火になった。さらに、都内の富士塚の多くは米軍の空襲で破壊された。江戸最古とされる高田富士は、早稲田大学の拡張工事の際に解体された。それでも、二三区内に四〇ほどの富士塚が残されている。

中でも保存状態が良いのが、台東区下谷《したや》二丁目の小野照崎《おのてるさき》神社の富士塚だ。高さ八メートル、直径一六メートルの標準サイズのものだ。下谷坂本の富士塚として知られ、一九七九年、豊島《としま》長崎《ながさき》の富士塚、江古田《えこだ》の富士塚と共に、国の有形民俗文化財に指定されている。

下谷坂本の富士塚は、一八二八年、同社氏子を中心とする講によって築かれた。講のリーダーである先達が神社の隣に住んでおり、そこに富士塚が造られた。だが講が衰退したため、神社が管理するようになったという。毎年六月三〇日と七月一日にお山開きが行われているが、この両日以外は登拝できない。境内には、富士浅間《せんげん》神社・御嶽《おんたけ》神社・三峯《みつみね》神社といった山岳信仰に由来する社もある。

同社の主祭神は小野篁《たかむら》（八〇二〜五二）である。篁は平安期の公卿《くぎょう》にして歌人だ。篁が江戸から京へ戻る際、JR鶯谷《うぐいすだに》駅付近の忍ヶ丘《しのぶがおか》で風景を楽しんだと伝えられ、それにちなんで同地に篁が祀られた。その後、忍ヶ丘に寛永寺（第三章参照）が建立されることになり、現在地に移転してきたのである。

ちなみに、富士塚が残る他の神社についても、主祭神として富士に宿る女神・木花咲耶姫《このはなさくやひめ》以外が祀られるケースは珍しくない。富士塚は江戸期の流行をきっかけに造られたため、それ以前にあった神社の境内社に富士浅間神社が追加される場合が多いのだ（富士信仰をメインとする神社としては次に紹介する亀戸浅間神社や駒込富士神社がある）。

さて、小野照崎神社は、相殿に菅原道真《すがわらのみちざね》（八四五〜九〇三）も祀られているように、学問や芸能の神社として崇敬されてきた。富士塚のようなアニミズムとは対極にある都市的な性格をあわせ持っている。そうした性格を表す面白いエピソードがある。売れる前の渥美清《あつみきよし》（一九二八〜九六）が同社に願かけに訪れ、煙草絶ちを約束し、その後『男はつらいよ』の寅さん役のオファーが来たというものだ。

渥美は、同社からほど近い車坂町（現・上野七丁目）に生まれた。地理的に見ると、渥美が同社を訪れることはそれほど不思議ではない。しかし、テレビドラマ『男はつらいよ』が放送さ

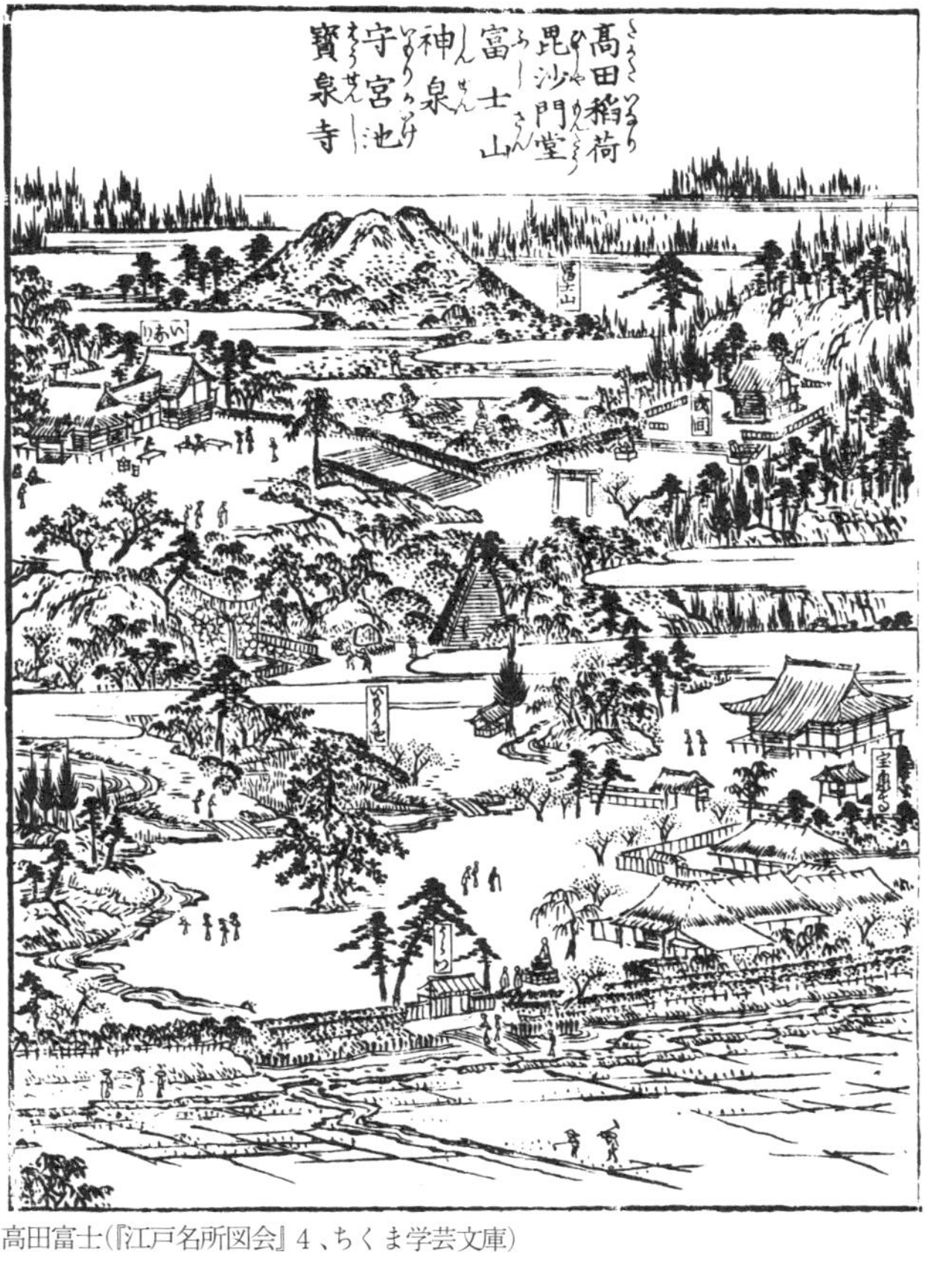

高田富士(『江戸名所図会』4、ちくま学芸文庫)

お山開きの日の小野照崎神社の富士塚

れる一九六八年以前、ＮＨＫの『夢であいましょう』や映画『拝啓天皇陛下様』で渥美はすでに一定の人気を獲得していた。おそらく、このエピソードは、渥美の人並み外れた人気を説明するために、芸能神という同社のイメージを利用して創作されたものだろう。

　他にも境内には、囲碁の名誉棋聖・藤沢秀行（一九二五〜二〇〇九）の碑も作られている。藤沢は「異常感覚」「八方破れ」などと言われた型破りな棋風と、借金・愛人・賭け事・過度の飲酒・癌闘病といった囲碁以上に型破りな人生で知られる。学問や芸能にたずさわる人々は、道を極めるために常識をはみ出すことがある。書の腕前も抜群だった藤沢の筆で書かれた「強烈な努力」という碑は、同社境内にこそふさわしい。富士塚と一緒に寅さんも天才棋士もいる。都市における活発な文化の混交を示す神社である。

亀戸浅間神社

亀戸浅間《かめいどせんげん》神社（江東区亀戸九丁目）も富士信仰が作り出した聖地である。同所には、元々、日本武尊《やまとたけるのみこと》の伝説に関わる祠があった。記紀で描かれる東征である。

相模から上総へと向かおうとしたところ、日本武尊の船が現在の横須賀付近で動けなくなる。その時、海の神の怒りを鎮めようと、妾《めかけ》の弟橘媛《おとたちばなひめ》が入水《じゅすい》して犠牲となり、窮地を切り抜けた。その後、弟橘媛の笄《こうがい》（髪を結うための装身具）が亀戸付近に流れ着いたとされる。

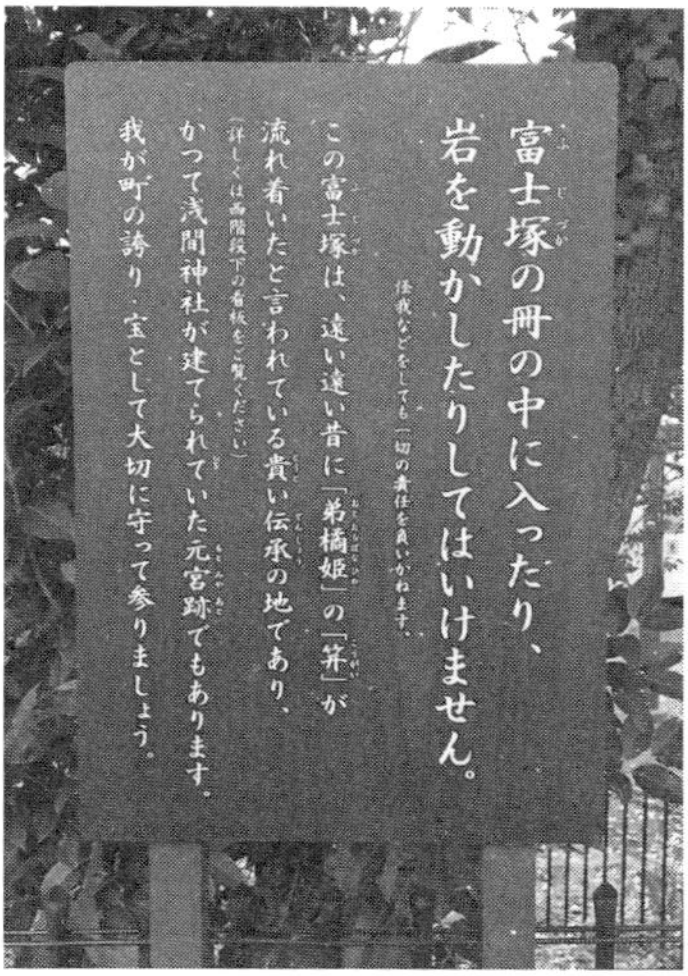

笄塚と富士塚の双方に言及する立札

この神話に基づいて、同所には笄塚が作られていたと伝えられる。だが、富士信仰が流行し始めた一五二七年、笄塚の周囲を溶岩で覆って富士塚が築かれた。浅間神社の社殿が造られたのは一八七八年のことだ。しかも、社殿は富士塚の上部を大幅に削った上に建てられた。さらに、この社殿が隣接地に移されて、現在の社殿となった。削られたり、移設されたりで、今では一目で富士塚だと分かりにくくなっている。

そもそも日本武尊伝説に基づく笄塚の存在自体が怪しいが、後日談がある。一九九八年、再開発事業に伴う発掘調査の際、富士塚の下から塚が出土した。そして出土品を検討した結果、塚は一五〜一六世紀のものだと推定されたのだ。時代的にはかけ離れているが、調査団は伝説自体が後世の創作であり、それに基づいて造られた笄塚だと判断したのである。

古い聖地の物語の上に新たなイメージが重ねられた典型的なケースである。弟橘媛の物語は悲劇だが、そもそも神武が征討しようとした東夷とは地元の人々の先祖だ。自分たちの先祖を倒すために草薙剣を持って攻めて来た敵将の妾の死を嘆き続ける筋合いもないだろう。

†目黒の近藤富士

同じく近年の発掘調査で面白い展開があったものに、目黒の近藤富士（目黒区中目黒二丁目）がある。歌川広重の『名所江戸百景』（一八五六〜五八）にも描かれた富士塚だ。

この富士塚は、一八一九年、幕臣・近藤重蔵《じゅうぞう》（一七七一〜一八二九）の別邸の庭に造られた。現在の上目黒一丁目付近にすでに別の富士塚があったため、新富士とも称された。先にあった富士塚が目黒村の富士講によって築かれたのに対し、近藤富士は庭の築山として観賞用に造られた。とはいえ、参詣客で賑わい、広重の絵からは行楽名所の一つであったことがうかがえる。だが、名所になったがゆえに悲劇が起きてしまう。

重蔵と言えば、幼少期から神童として名高く、志願して何度も蝦夷地《えぞち》を訪れた人物だ。札幌の重要性を早くから認識し、北海道発展の基礎を築いた。千島列島と択捉島《えとろふ》の探検を行い、「大日本恵土呂府《えとろふ》」の標柱《ひょうちゅう》を立てたことでも知られている。こうした行動からも分かる通り、重蔵は才気に富み豪胆な性格だった。左遷されて大阪にいた時も、大塩平八郎に強い印象を与えたと伝わる。若い時は火付盗賊改方《ひつけとうぞくあらためかた》を務め、昌平坂《しょうへいざか》学問所に首席で合格した。才能に満ち溢れ、平穏を厭い、あえて過酷な環境に飛び込むような人物だったと想像できる。

しかし、重蔵の息子の富蔵(一八〇五〜八七)が悲劇を引き起こす。近藤富士に露店を出していた元博徒と土地使用をめぐって争いになり、相手方の家族もろとも七名を殺傷したのだ。富蔵と重蔵の間も上手くいっておらず、犯行の背後には父子の軋轢《あつれき》があったとも伝えられる。鎗ヶ崎事件として知られるこの刃傷沙汰《にんじょうざた》のため、一八二七年、富蔵は八丈島に流罪となる。

図らずも、親子二代で遠島に赴くことになったが、神童の血がそうさせるのか、富蔵は八丈島で重要な仕事を成し遂げる。五三年に及んだ流刑生活の間、八丈島の歴史・風俗・習慣などの実証的な調査を行い『八丈実記』を著したのである。後に公刊された時には、民俗学者の和歌森太郎や農村社会学者の有賀喜左衛門が推薦の辞を寄せている。結局、富蔵は赦免されて一度は本土に戻るものの、後に自らの意志で八丈島に戻り、そこで生涯を終えた。

随筆家の大町桂月《おおまちけいげつ》（一八六九〜一九二五）は、近藤富士を引き合いに出しながら、重蔵の過剰な才を惜しんでいる。桂月によれば、重蔵は、新井白石と同じような逸材であった。


この二人、世を隔てて、其型を同じうす。いづれも頭脳明敏、博覧強記にして、独創力をも備へたり。しかも単純なる学者に非ずして、覇気横逸、才気煥発せる活動家也。（「近藤重蔵の富士山」）


しかし、白石が将軍・家宣《いえのぶ》に重用されて幕政を導いたのに対し、重蔵は、あまりに自信過剰だったために疎んじられ、閑職に追いやられた。そして、富蔵の罪に連座して近江国に預けられ、数年後に亡くなった。

桂月によれば、高潔壮大な富士は世界一の名山だ。そして、重蔵の才能と学問も富士のようであったが、人物はそうではなかった。人物においても尖った部分があったが、そこには絶頂があるだけで、富士のような雄大な山麓が欠けていた。このことを反省するために、志ある者は近藤富士に登るべきだと桂月は呼びかけている。

近藤富士は戦後まで残っていたが、一九五九年頃、姿を消した。現在は、別所坂公園に石碑が残されるだけで、跡地はマンションになっている。高度経済成長が始まり、宅地開発が東京郊外に及んだ時、近藤富士はとり壊されてしまった。

ところが、こうして新富士遺跡となった同所で、一九九一年、発掘調査が行われた。そして地下に遺構が発見され、石の祠や御神体が出土した。麓《ふもと》に洞窟構造を持った富士塚は他にもある。というのも、実際の富士山麓には多くの洞窟があり、それらは霊場として信仰されてきたからだ。中でも胎内樹型《たいないじゅけい》は富士講の重要な信仰対象である。

胎内樹型とは富士山噴火の際に流れ出した溶岩が樹木をとり込んだまま固まり、樹幹が燃え尽きて洞窟になったものだ。特に人間の体の内部に似たものが信仰された。富士登拝の前日には、身を清めるため、洞窟内部を訪れる胎内《たいない》巡りが行われた。一八九二年に富士講信者が発見した吉田胎内樹型などが知られている。同地は現在、吉田胎内神社となっている。

洞窟崇拝は、場の様相が変わるところに神仏の姿を見出す典型的なアニミズムだ。富士信仰を創始した長谷川角行《かくぎょう》（一五四一〜一六四六）は、やはり富士山麓にある人穴《ひとあな》と呼ばれる洞窟で、千日間、角材の上で爪先立ちを続ける苦行《くぎょう》を行ったとされる。富士講信者にとっては、山麓の洞窟は重要な宗教的意味を持った聖地だったのである。そのため富士塚にも、胎内や人穴を模した構造が造られた。新富士遺跡の地下遺構も、富士山麓の洞窟を模して造られたものだと推定された。六メートル近い横穴の壁には、江戸各地の講の紋や富士塚築造に参加した人々の名前が刻まれていた。

　さらに、足元からは埋葬された大日如来像も発見された。洞窟を持つ富士塚は他にもあるが、近藤富士ほど大規模なものは珍しい。めぐろ歴史資料館には、この遺構を型取りして造った精巧なレプリカがある。

新富士遺跡の足元に埋められていた大日如来像（めぐろ歴史資料館蔵）

　どこまでも明敏な重蔵は、才気ゆえに世間から疎まれたことを知っていた。というのも、自ら近藤富士の傍らに、「近藤正斎先達白日昇天之所」と書いた標柱を建てている（村尾嘉陵『江戸近郊道しるべ』）。そこには、左遷によって御武具奉行として大阪へ向かった日付が刻まれていた。旅立の日、武士は誰も見送りに現れず、富士講の数十人が品川まで送ったという。
　近藤富士は、出世の道を閉ざされた重蔵が、自身の社会的な死を弔うための墓でもあったわけである。近藤富士がとり壊されたはるか後、重蔵にはなかったと言われる山麓から信仰心に満ちあふれた洞窟が発見されたのは面白い偶然である。

2 さまざまな自然崇拝

†素盞雄神社

素盞雄《すさのお》神社（荒川区南千住《みなみせんじゅ》六丁目）は千住大橋の近く、隅田川沿いに立地する。

同社は『江戸名所図会』に飛鳥明神《あすかみようじん》社として登場する。挿絵には、飛鳥社と小塚原天王《こつかはらてんのう》宮の文字も見える。由緒では、創建は黒珍《こくちん》だと語られる。黒珍は修験の伝説的開祖・役小角《えんのおづぬ》の高弟《こうてい》とされる。黒珍は神社のそばに住居を構えていた。その近くの小高くなった場所に、奇岩の納められた小さな塚があった。この付近が小塚原と呼ばれるようになった由来だ。七九五年四月八日のこと、黒珍が小塚に礼拝していると岩から光があふれ、二人の翁《おきな》が現れた。そして、自分たちがスサノオ大神とアスカ大神だと告げた。こうして黒珍が祠を建てたのが、同社の始まりとされる。光を発した奇岩は瑞光石《ずいこうせき》と呼ばれる。

元々は瑞光石が信仰対象であり、後から二柱の神の物語が付加されたのだろう。瑞光石はそ

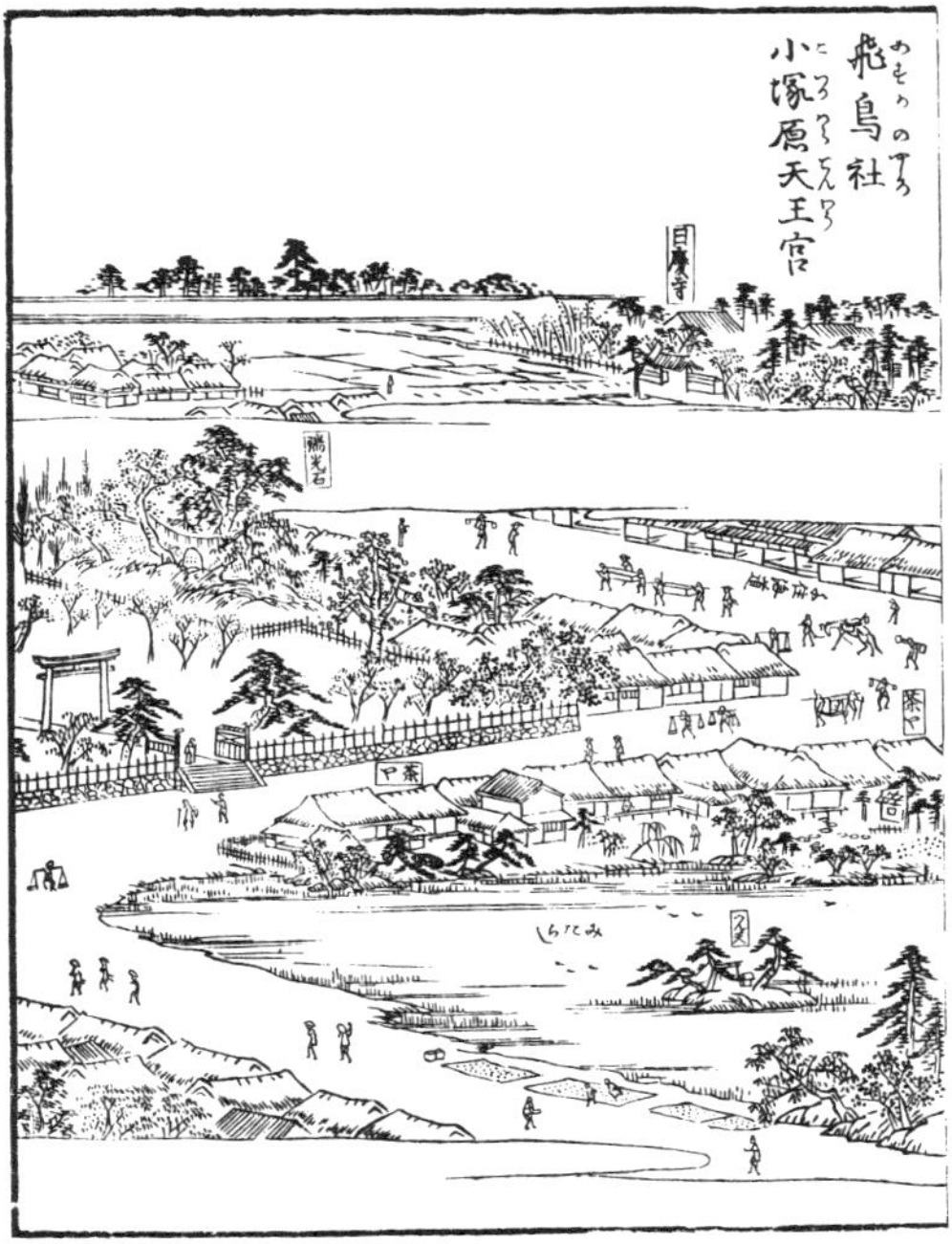

飛鳥の社と瑞光石（『江戸名所図会』5、ちくま学芸文庫）

れほどの大きさではないが、その根が隅田川まで延びており、そのために橋脚を打ち込めなかったという伝承もある。『江戸名所図会』では、瑞光石について「考ふるに、これおそらくは上古の荒《あら》墓《はか》ならんか」とある。古代から中世には墓だったが忘れられ、霊場として再利用されたのではないかというのだ。穏当な推測だろう。その後、富士講が流行していた一八六四年、瑞光石を飲み込むように富士塚が築かれた。

歴史学者の千葉栄は、そもそも黒珍を祖とする由緒自体が熊野信仰から生み出されたと推定している。瑞光石から出現したアスカ大神は、元々は和歌山県新宮市《しんぐうし》熊野地《くまのじ》にある阿須賀神社に祀られていた神だ。熊野信仰がこの地域に広まった一四〜一五世紀に素盞雄と共に祀られるようになり、その時に、熊野と関係の深い黒珍の伝説も作られたというのである。実際、素盞雄神社のそばに熊野神社があり、毎年一〇月一五日に素盞雄神社でその例祭が行われてきた。しかし、時と共に熊野信仰が廃れ、アスカ大神の出自が忘れられたのである。

そして、アスカ大神の代わりに前面に出たのがスサノオ大神だ。スサノオは、神仏習合の過程で牛頭《ごず》天王《てんのう》と同一視された。牛頭天王は、ヒンドゥー教から来た雷を操る気性の激しい神だ。それが、やはり高天原《たかまがはら》を追放された荒ぶる神であるスサノオと同体視された。そして、荒ぶる神であるからこそ、丁重に祀れば災厄を防いでくれるという信仰が生まれた。江戸末期のコレラ流行の際には、素盞雄神社の参詣者が激増したという。

現在でも、素盞雄神社でもっとも盛り上がるのは六月の天王祭《てんのうさい》である。神輿《みこし》振りという珍しい渡御《とぎょ》が見られる。神輿を左右交互に九〇度近く倒すもので、荒ぶる神の神威をさらに高めるために行われる。素盞雄神社は町屋・南千住・三ノ輪・三河島《みかわしま》など六一町に及ぶ地域の鎮守だ。天王祭の神輿は、村や町ごとの氏子に順番に担がれ、広い地域を渡御する。明治期の天王祭では、神輿をめぐっていざこざが起きている。

一八八一年の祭りでは、まず南組の氏子が担いだが、次の通新町《とおりしんまち》の氏子に受け渡した時点で夕方になっていた。そこで、通新町はすぐに次の三河島村と町屋村へ渡そうとしたが、前年に引き続き遅い時間になったのが怒りを買い、神輿を受けとって貰えなかった。やむなく神社に戻ったが、世話人から、氏子中を残らず廻っていない神輿は納められないと言われてしまう。その結果、翌日昼に仲裁人が入って三河島村の氏子が引きとるまで、神輿は神楽殿の前に置き去りにされたのである。

スサノオの神威がさらに高まりそうなエピソードだ。こうした荒々しさは千住という立地と不可分だろう。この付近は江戸の市中と郊外の境目だ。千住は、奥州街道・日光街道の第一の宿場である。外から疫病や災厄が入り込まないように、強い神が監視したのである。

一九三四年には、奇妙な祭りも行われている。その年、三ノ輪と千住大橋間だけで、半年余りの間に二九〇件近い交通事故が起きた。そこでお祓いをすることになり、東京府の土木課長、南千住警察署長などが参列する中、素盞雄神社神職の司式で「魔除け道路祭」が行われたのだ。同社は、江戸の出入り口に設けられた宗教的な関所としての機能を果たしてきたのである。

†待乳山聖天

待乳山聖天《まつちやましょうてん》（台東区浅草七丁目）は、浅草寺の北東へ徒歩一〇分程度、隅田川にほど近い場所にある。浅草寺の子院の一つだ。

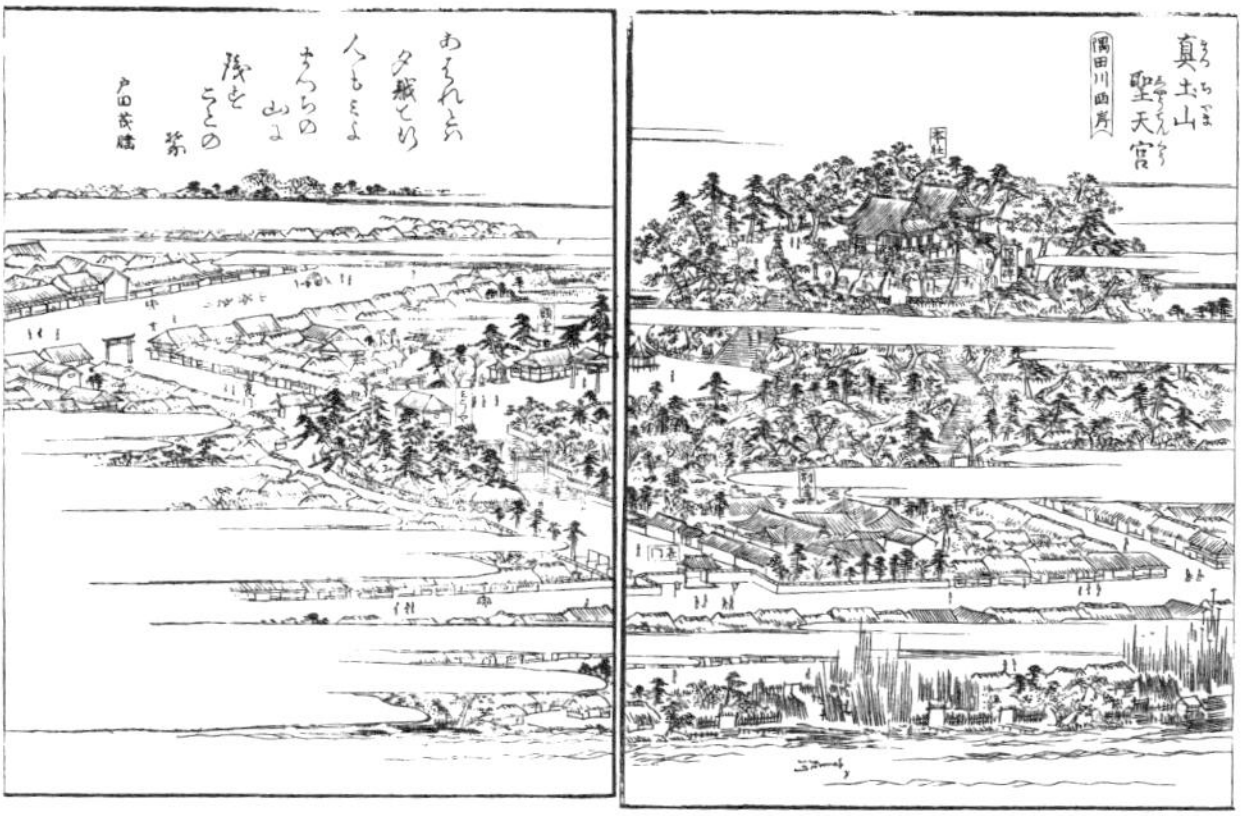

真土山聖天宮（『江戸名所図会』5、ちくま学芸文庫）

待乳山という名前の通り、同寺全体が小山を覆うように築かれている。この山自体が信仰対象だったと考えて良いだろう。縁起ではダイナミックな物語が語られる。五九五年、突然、同地が隆起して山になり、金の龍が舞い降りた。その六年後、人々が干ばつに悩んでいたところ、聖天が現れ、人々を飢餓と暑さから救ったという。

『江戸名所図会』には真土山という字で登場する。現在でもかなりの高さがあるが、昔はさらに高かったという説が紹介されている。待乳山付近の土が良質で、浅草から三ノ輪にかけて堤防（日本堤）が築かれた時、山の一部を崩して、その土が用いられたとも言われる。

近年の地質学的研究でも、待乳山は元々海に浮かぶ島であったとするものもある。中世には、現在も位置が不明な幻の城である石浜城があったという推測もある。いずれにせよ、待乳山から眺めた風景も、隅田川対岸から待乳山を望んだ景色も美しく、名所絵や絵葉書にたびたび登場する。

聖天（歓喜天）は、牛頭天王と同じく、インドから渡来した個性的な神だ。同寺ウェブサイトによれば、元々は「大層欲心の盛んな、差別心の強い」性格だった。だが、十一面観音に出会って教化され、仏法の守護者になった。聖天はヒンドゥー教のガネーシャを起源とするため、象頭人身の像が造られることが多い。しかも、一体ではなく、二体の神が抱擁しあう形で造られる。日本では馴染みのない性愛表現がされるため、聖天像は秘仏とされ、一般公開されないことが多い。

待乳山聖天境内の大根のシンボル

同寺を訪れると、境内のいたるところに大根と巾《きん》着袋《ちゃくぶくろ》のモチーフを見つけられる。大根は先端が二股に分かれたものが交差しており、夫婦和合のシンボルだ。巾着袋は財宝を表す。子孫繁栄と商売繁盛という民衆的願望に応える御利益を表現したものである。

聖天信仰には、念願成就のための浴油祈禱《よくゆきとう》という特別な修法がある。秘法とされ、詳細は不明だ。聖天は元々魔神であった。難羅山を根城に悪事を働き、他の神々から憎まれて、毒物を食べさせられた。十一面観音と出会って改心するのだが、その時、連れて行かれたのが油の池だった。聖天の頭部に油が注がれると毒が除かれ、善神として生まれ変わった。こうした説話からして、浴油祈禱も聖天像に油をかけることを中心とする修法だろう。

聖天は、神のイメージそのものも、そこから導かれた御利益や修法も生々しい。読売新聞は、一九〇二年六月、「迷信世界」という連載で待乳山聖天をとり上げ、聖天信仰は真言立川流《しんごんたちかわりゅう》の邪法であり、淫祠《いんし》だと批判している。真言立川流は平安期末に始まった密教の一派とされる。たび重なる弾圧で断絶したため、詳細は分からない。男女和合を悟りのための修法としていたとか、髑髏《どくろ》を本尊とするといった俗説で彩られる謎の一派だ。聖天も男女和合のイメージであるため、立川流と結びつけられたのだろう。

一九〇八年一月の朝日新聞でも、「東京の迷信」という連載で待乳山がとり上げられている。「富者になる呪《まじない》」という記事で、待乳山の聖天像を貰い受け、毎晩誰にも見られずに油で煮るという修法が紹介されている。これを行えば必ず金持ちになれるが、一代限りで子孫は貧しくなるという。記者は、こうした迷信が続いていることを嘆いているが、この批判記事そのものが、明治になっても待乳山が人気を誇っていた証《あかし》と考えられる。

†江島杉山神社

江《え》島杉山《じますぎやま》神社（墨田区千歳一丁目）は、杉山和《わ》一《いち》（一六一〇〜九四）の屋敷内に祀られた弁才天が元となっている。杉山検校《けんぎょう》として名高い和一は「鍼灸《しんきゅう》術の神様」と謳《うた》われる人物だ。同社は、和一の鍼灸術の修得に関わる伝説に基づく場所である。

和一は、津藩の家臣の長子に生まれたとされる。幼い頃に疱瘡《ほうそう》にかかって全盲となり、跡継ぎの座を弟に譲って鍼灸師になるために江戸に出た。江戸では検校・山瀬琢一《たくいち》に弟子入りした。検校とは盲人に与えられる最高の官位だ。しかし、和一は生まれつきの不器用で、あまりの上達の悪さに破門されてしまう。

失意の和一は、実家に戻る途中にあった江ノ島に立ち寄る。江ノ島の岩窟には、芸能の神であり、盲人の守護者でもある弁才天が祀られていた。和一はそこで厳しい修行を自らに課す。三七日間、岩窟に籠り、断食修行をしたのだ。

江ノ島からの帰り道、修行のために忘我状態にあったためか、和一は石につまずいて転んでしまう。その手には、松葉が握られていた。鋭く尖った松葉は、丸まって筒状になった落ち葉の中にくるまれており、これをきっかけに和一は杉山流管鍼《かんそう》術を閃《ひらめ》いたと伝えられる。

管鍼術とは管の中に鍼《はり》を通して打つ方法だ。それまでの鍼の打ち方には、捻鍼《ねんしん》という直接皮膚に鍼を入れる方法があったが、皮膚をひっかけて痛めることがあった。続いて打鍼《だしん》という方法が編み出された。小槌で鍼を叩いて体に入れる方法で、捻鍼よりは痛みが少ないとされた。しかし、盲人には小槌で鍼の頭を叩くのが難しかった。それを解決する天啓を和一は得たわけだ。管をガイドにして鍼をツボへと導き、指で鍼をはじく画期的な方法を思いついたのである。

その後、和一は京で修行を積み、江戸に戻って麹町《こうじまち》で開業したという。和一の評判はすぐに高まり、六一歳で検校となる。ついには将軍・綱吉の治療を行うまでになった。腕前に感心した綱吉が褒美を与えようと「欲しいものは何か」と下問したところ、和一は「一つで良いから目が欲しい」と返答したとされる。こうして一六九二年、現在の江島杉山神社の敷地を含む本所一ツ目に、一九〇〇坪の土地を与えられた。和一は、高齢になっても管鍼術の天啓を与えてくれた江ノ島へ毎月参拝を欠かさなかったといい、屋敷内にも弁才天が祀られたのである。

和一は単に腕の良い鍼灸師であったわけではない。鍼灸術の体系化と教育制度を整備した功績は特筆に値する。一六八〇年前後に和一が設立した杉山流鍼治導引稽古所からは優秀な弟子たちが巣立った。幕府や諸大名家の鍼医として採用された者もいる。教育法は習熟段階に応じて四段階に分けて体系化されており、世界初の障害者教育でもあった。

一六八九年には、和一は総禄《そうろく》検校を拝命している。関八州の鍼師・按摩師・琵琶法師など盲人を統括する役職である。それ以前は盲人が官位を得るには京へ行かなければならなかったが、和一が総禄になったことで江戸での官位取得が可能になった。和一の功績は、現在境内にある杉山検校頌徳碑に点字で刻まれている。

†江ノ島伝説の真偽

江ノ島の出来事は果たして事実なのだろうか。

和一がつまずいたとされる石は福石という名で残されている。和一が江ノ島弁才天まで建てた四八基の道標の一部も現存している。神仏分離で破壊されるまで江ノ島にあった三重塔も和一が寄贈したとする説がある。『富嶽三十六景』にも描かれた立派な三重塔だ。

これらの物証からして、和一が江ノ島弁才天を強く崇敬していたことは間違いない。一方で、和一が管鍼術を感得した場所を江ノ島以外の地とする説話もある。そもそも和一の人生には不明点が多く、『江戸名所図会』のように、和一を奥州出身とする説もある。

管鍼術の天啓については、長尾榮一(一九三二〜二〇一二)が興味深い推理を展開している。長尾は四歳の時に失明し、盲学校を経て理療科教師となった。そして、鍼灸や按摩などの東洋医学の研究を行い、全盲者として初めて医学博士(東京大学)を授与された人物だ。

長尾は、元々、江ノ島の伝説は事実ではないと考えていた。さらに言えば、和一の後の活躍を考えると、入門時とはいえ、そこまで不器用であるはずがなく、一度破門されたという話も後世の創作だと思っていた。しかし、さまざまな松の中で、黒松の葉が鍼に似て葉先がかなり細く尖ることに気づく。そして、黒松が藤沢市の木に定められ、江ノ島にも黒松が多いことをつきとめた。さらに、管の役割を果たした落ち葉が丸くなる木として、横浜市の木に定められたスダジイがあることも特定したのである。

長尾は、だからといって江ノ島の伝説が事実だとはしていない。客観的には、京で修得したとするのが穏当だろう。ただ、地位を確立した後の和一が熱心に江ノ島に詣でたことを考えると、こうした植物との出会いがあってもおかしくないとしている。

しかし、和一の手記には、京時代について、病気をしたという以外の記録はない。どこかで天啓を得ていたとしても不思議はないし、何より、和一自身が管鍼術は江ノ島での天啓によって、つまり神仏の助けを得て生まれた技だとしたかったのではないだろうか。

現在でも、江島杉山神社の境内には江ノ島の岩窟を模した岩屋が残っている。岩屋はそこそこの大きさで、奥まで行くと昼間でも暗い。最奥には、杉山検校と共に、宇賀神《うがじん》の像が安置されている。宇賀神は江戸で人気のあった宇迦之御魂神《うかのみたまのかみ》つまり稲荷と同体視される神だ。音が近かったために混同されたのだろう。姿は人頭蛇尾であり、正体不明の神だ。管鍼術の天啓にまつわる物語に説得力を与えるような雰囲気を持った像である。

江島杉山神社は、今でも多くの信奉者に支えられる聖地だ。近隣の氏子に加えて、杉山検校遺徳顕彰会、日本盲人連合、日本鍼灸師会、日本理療科教員連盟、東京ヘレン・ケラー協会といった組織の会員が同社の崇敬者となっている。地縁だけでなく、職業縁によって結ばれた人々の信仰を集めているのだ。伝説が事実であったか否かはさておき、江島杉山神社の岩屋は、管鍼術という画期的な技の価値を長く伝えるのに最適なアニミズム的舞台である。

†縁切榎

縁切榎《えんきりえのき》は、その名の通り、縁切りの願かけを行う場所として知られている。かつて旗本の近藤登之助の屋敷があり、その垣根として榎と槻《つき》の木が植えられていたという(槻はケヤキの古称)。そして、榎の方が縁切榎と呼ばれるようになった。

なぜ、縁切りという御利益が与えられるようになったかは不明だ。ある説によれば、榎と槻は絡み合うように生えていた。だが、槻が枯れて榎だけが残ったことが縁切りを連想させたという。別の説は語呂合わせが由来だとする。榎と槻を続けて言うとエンツキとなる。さらに榎のある周辺は岩の坂という地名だ。これらをつなげると、エンツキイヤナサカ(縁の尽きる嫌な坂)になるというのだ。

江戸期、縁切りは、今よりはるかに大きな意味を持っていた。特に女性からは離縁を切り出せず、夫と離縁したい妻、妾と夫を別れさせたい女性などには、縁切りの効用は切実だった。

縁切りをするには、榎の樹皮を剝いで持ち帰り、お茶などに混ぜて相手に飲ませると効果があると信じられた。「板橋へ三行半《みくだりはん》の礼参り」という川柳が残されているくらいだ。

ちなみに、縁切榎は富士講の物語とも結びついた。前述の通り、富士信仰を大成させた身禄の最期は、富士山中での断食死であったが、富士への旅立ちの際、縁切榎で家族との縁を切ったという。縁切りの効能は男女間や家族間だけではない。酒や病気との縁を切るため、つまり断酒や難病克服という祈願もきわめて多い。

縁切榎の効力は、かなりのものだと信じられていたようだ。板橋宿は、中山道を通る場合、江戸から一つ目の宿場だ。そのため、京から皇族や貴族の女性が江戸へ嫁ぐ際、行列は中山道沿いにあった縁切榎の前を通りがかる。一七四九年の閑院宮直仁親王《かんいんのみやなおひと》の息女・五十宮《いそのみや》の徳川家治への降嫁《こうか》、そして一八〇四年の有栖川宮織仁親王《ありすがわのみやたるひと》の息女・楽宮《さざのみや》の徳川家斉への降嫁の際には、縁切榎のそばを通らないように、わざわざ板橋宿を迂回したという。さらに、孝明天皇の妹・和宮が徳川家茂に輿入《こしい》れした際には、榎の根元からてっぺんまで菰《こも》で包んで覆い隠したと伝えられる。

江戸が終わっても、縁切榎の人気は衰えなかった。一八八一年一〇月の読売新聞には「東京・板橋の縁切榎をまね、神木の榎を削った男を説諭《せつゆ》」という記事がある。横浜の野毛《のげ》の神社で、神木の榎を削っている男が巡査に捕まった。取り調べで明らかになったのは、男の姉婿が

現在の縁切榎

娼妓《しょうぎ》にはまり、妻子は食べ物にも事欠くようになっていた。姉婿と娼妓を別れさせようと、板橋の縁切榎を訪れたが榎には縄張りがされ、削れないようになっていた。そこで仕方なく、地元の神社の榎を削っていたというのだ。

一九三四年六月の朝日新聞には「恨みは縁切榎縁談破れて娘服毒」という記事がある。破談された二二歳の女性が揮発油を飲んで自殺未遂した事件だ。この女性は板橋の義兄の家で家事手伝いをしていた。義兄が縁談を持ってきて、途中まで上手くいったが、破談されてしまう。男性側が縁切榎の近くを通った女性を嫁に貰いたくないと言い出したせいだ。女性の実家は埼玉県の沼影にあり、帰郷するたびに縁切榎の横を通る。そのことを男性側が嫌がって破談にしたのだ。昭和になっても、縁切榎の力はまだまだ信じられていたのである。

一八八八年には、平山省斎《せいさい》（一八一五〜九〇）の神道大成教《しんとうたいせいきょう》が縁切榎を礼拝所として、大成教榎教会を設立した。平山は元幕臣で、外国奉行や若年寄など要職を務めた人物だ。薩長に対して強硬派であったため、倒幕後は免職となった。赦免後も官職につかず、氷川神社・日枝神社での神職を経た後、神道大成教を創始した。

大成教は西洋から流入した科学的知識や実用主義などもとり入れた教えを持っている。そうした集団が、いかにも民間信仰的な縁切榎を礼拝所としたのは面白い。庶民から絶大な支持のあったアニミズムをとり入れることで、自分たちの宗教性に幅を持たせようとしたのだろうか。榎教会は、一九六九年に後継者がいなくなるまで続いた。

奉納された絵馬

今ある縁切榎は三代目か四代目の木である。願かけのために樹皮が次々と剝がされるために枯れたり、土地争いに巻き込まれて切り倒されたりしており、現在は道路を挟んだ向かいに移植されている。先代の木の一部が脇の石碑に塗りこめられている。

厳密に言えば、榎本体も場所も、江戸から一貫して残っているものは何もない。縁切榎があまりに有名だったため、いつの間にか「板橋の縁切榎」というイメージが先行し、細部はそれほど注目されなくなったのだろう。木のそばには絵馬掛場があり、今でもさまざまな願いで埋め尽くされている。

第二章　ビルのはざまの聖地

1　寺社の都市化適応戦略

†解体するコミュニティ

ネット上の掲示板に「泣きたくなる画像を下さい」「夏の景色を見ていると死にたくなる」といったタイトルのスレッドが定期的に立てられる。どのような画像が投稿されるのか、想像がつくだろうか。比較的多いのは、農村の風景、ローカル線の駅、海岸、鄙《ひな》びた商店街などだ。そして、寺や神社の画像も多く選ばれる。夏祭りや寺社の境内に屋台が並ぶ風景などである。

これらの画像は農村的なもの、閉鎖的なもののイメージだ。都会の生活は自由だが冷たい。一方、田舎は不自由だが、温かさがあったはずだ。そんな懐古があるように思われる。濃密な人間関係は面倒くさい。だが、面倒くささの渦中にとり込まれた人々の間には、ある種の温かさが生まれる。右のようなスレッドで、制服や中学・高校の校舎といった学校にまつわるイメージが多いことは興味深い。決められたクラスで卒業までの数年間、毎日同級生や教師と顔を合わせ続ける。学校は不自由だが温かいコミュニティの典型だ。

寺社は、かつてコミュニティの中心にあった。神道は村の宗教であり、仏教は家の宗教だった。個人が選びとるのではなく、その中に生まれ落ちるものとして寺社は存在していた。今でも、岸和田だんじり祭のように、祭礼運営のための青年団などが活発な地域がある。青少年がコミュニティの中で地位を獲得し、社会化する場として機能しているのだ。こうした背景があるからこそ、寺社は不自由さと温かさの双方を想起させるのだろう。

†氏子と地域意識

不自由だが温かいコミュニティが解体するのが都市化のプロセスだ。農村の温かさの源には、皆が同じであることを促す同調圧力がある。一方、都市を特徴づけるのは多様性・異質性だ。正体不明の隣人たちと互いに無関心を装って暮らすのが都会の生活だ。

都市では、寺社の背後にあったコミュニティの維持は容易ではない。特に寺よりも神社の場合がそうだろう。昨今の葬式仏教批判や直葬といった傾向はあるが、寺は依然として葬儀や法事で檀家《だんか》と顔を合わせる機会がある。一方、神社の場合、ほとんどの人は初詣や祭りくらいでしか関わらず、そうした時ですら、氏子としての意識を持って臨む人がどれほどいるだろうか。

そもそも、寺社と人々の関わりは制度的にはどのように定義されているのだろうか。ここでは檀家という分かりやすい支持母体を持つ寺ではなく、神社について見てみよう。参照するのは、全一九条からなる神社本庁憲章だ。神社本庁は、全国の多くの神社を包括する宗教法人である（同庁に属さない神社もある）。一九八〇年に公表された神社本庁憲章は、祭祀《さいし》のあり方や信者の位置づけなどが記されたガイドラインだ。そこでは、氏子は次のように定められている。

第十四条　神社の氏子区域は、神社ごとに慣習的に定められた区域をいふものとする。
2　氏子区域は、神社相互に尊重しなければならない。
第十五条　氏子区域に居住する者を伝統的に氏子とし、その他の信奉者を崇敬者とする。
2　氏子・崇敬者は、神社護持の基盤であり、斯界発展の母体である。

氏子は、地域意識に根差すものであることがわかる。個人が選択するのが崇敬者で、地理的に割り振られるのが氏子だ。しかし、地域意識を都市で維持するのは容易ではないし、仮に地域意識があったとして、それが神社を中心に形作られるとは限らないのである。

とはいえ、東京の神社は消滅する一方なわけではない。都市寺社研究の第一人者である石井研士は、有楽《ゆうらく》稲荷を目にした時の驚きを次のように記している。

私が第一に〈驚いた〉のは、有楽町駅のすぐ前に、明らかにビル建築を契機に整備された小祠が残っていたからではない。そうではなくて、ビル建築によって整備された小祠が、あまりに自然に周囲のビル化された景観にマッチし、行き交うサラリーマンで混雑する有楽町駅周辺の光景にすっかり溶け込んで見えたからである。(『銀座の神々』)

都市化は神社を排除するわけではない。神社は、環境に合わせて支持母体となるコミュニティを変え、祭りの形を変え、空間のデザインを変えて、都市の中に定着しているのである。しかし、変化には犠牲がともなう。特に伝統の保持という点で困難がつきまとう。神社本庁憲章は神社の空間構成について次のように定めている。

第十条　神社の境内地等の管理は、その尊厳を保持するため次の各号に定めるところによる。
一　境内地は、常に清浄にして、その森厳《しんげん》なる風致を保持すること。
二　境内地、社有地、施設、宝物、由緒に関はる物等は、確実に管理し、みだりに処分しないこと。
三　境内地及び建物その他の施設は、古来の制式を重んずること。
四　前号の施設は、神社の目的に反する活動に利用させないこと。

神道の基本思想の一つは伝統の護持だ。昔から続いて来たものを、形を変えずに後代に伝えることに価値を置く。したがって、神社空間も昔ながらに保つことが推奨される。しかし、東京では神社はビルと一体化したり、路地裏や商店街の雑踏に飲み込まれたりする。

こうした状況を伝統からの逸脱として批判するのは簡単だ。だが、東京は世界一を争うほどに地価が高く、社会文化の変化も激しい。その中で、古来の制式に固執するのではなく、環境に適応しながら新たな祈りの場所を生み出した創造力は注目に値する。

2　新宿

†西進する東京の基地

江戸東京は東から西へと拡大してきた街だ。

朱引《しゅびき》という言葉がある。一九世紀初頭から江戸の範囲を示すために用いられた言葉だ。幕府が地図上に赤い線で江戸の範囲を囲って示したのである。この範囲は御府内《ごふない》とも呼ばれ、もっとも伝統的な江戸東京だと言える。

朱引の範囲は時と共に変化するが、現在の地図に重ねると、東は隅田川東岸、西は東中野・代々木上原・目黒、南は品川、北は千住・飛鳥山あたりになる。現在東京としてイメージされる範囲よりも、だいぶ東に偏っているだろう。朱引外にあった中野・高円寺・阿佐ヶ谷・吉祥寺・国分寺・立川に新住民を収容しながら西へと拡大してゆくプロセスが、地理から見た江戸東京の歴史である。

現在下町と呼ばれる地域は、江戸東京の西進過程で再発見されたものだ。たとえば、『男はつらいよ』や四〇年にわたって連載が続いた秋本治『こちら葛飾区亀有公園前派出所』は、下町イメージの形成に大きく寄与した作品だ。これらでは、葛飾区をはじめ、足立区・荒川区・江戸川区などが典型的な下町として描かれる。しかし、亀有出身の秋本自身が自覚的であるように、朱引に基づく歴史的な下町は千代田区・中央区・港区・台東区、そして江東区・墨田区の一部あたりなのである（『両さんと歩く下町』）。

三浦展《あつし》は東京の下町を第一から第四に区別している。日本橋・神田など江戸期に形成された第一下町、上野・浅草など明治期に形成された第二下町、王子・千住・錦糸町・亀戸など大正期・昭和初期に形成された第三下町、そして足立区・葛飾区・江戸川区など高度経済成長期に形成された第四下町だ（『スカイツリー東京下町散歩』）。最後に形成された第四下町が、現在では下町の代名詞として語られるようになっているのである。

新宿は東京西進の基点となった街だ。新宿が街として拓かれたのは一七世紀末にすぎない。それまで甲州街道の最初の宿場は高井戸宿であったが、日本橋から約一五キロメートルもあった。他の街道の最初の宿場町までの倍近い距離であった。

四ッ谷内藤新宿（『江戸切絵図と東京名所絵』小学館）

　歌川広重「四ッ谷内藤新宿」（『名所江戸百景』）は、大胆な構図とあまり上品とは言えないモチーフで知られる浮世絵だ。現在の新宿二丁目あたりを描いた作品だ。画面右半分は馬の尻と足で覆われ、丁寧に馬糞も描かれている。左側に並ぶのは、朝方、客を送り出す飯盛女《めしもりおんな》だ。飯盛女とは旅籠《はたご》で下女として働く者だが、客相手に売春をする私娼《ししょう》でもあった。江戸期の新宿は都市と農村の境にある街だったことが分かる。

新宿を宿場にするよう幕府に訴えたのは高松喜兵衛ら浅草商人だ。彼らが五六〇〇両もの運上金を支払って宿場開設が認められた。高松たちは、経済的に飽和した浅草に対し、新宿を行楽地として開き、新たに利益を上げようとしたと言われる。

風俗研究家の今和次郎《こんわじろう》（一八八八〜一九七三）によれば、一九三〇年代頃の新宿駅の一日の乗降客数は約一八万人であった（『新版大東京案内』）。今は、群衆が流れる新宿の地下道を「これほど素晴らしい日本一は他にない」と激賞する。それから七〇年あまり、新宿の一日の乗降客数と乗り換え客数は三〇〇万人を超え、世界一の駅になった。とはいえ、新宿が本格的に発展したのは関東大震災以後にすぎない。今は、新宿を次のように特徴づけている。

新興の勢目ざましい時にはノレンも草分けもあつたものではない。従つて老舗も新店《しんみせ》もイカモノも名物も一しよくたにみんな一せいにスタートを切つた。しかし民衆に必要なものは悉《ことごと》く備つてゐる。銀座や浅草には必要以上のものがあるが、こゝには必要なものだけが完全に準備されてゐる。こゝにも大きな特長がある。

新宿は都市と郊外の境目にあり、庶民が新しい文化を持ち込む街だ。その点、江戸の歴史や伝統が色濃く残る銀座や浅草とは対照的な街だと言えるだろう。

†花園神社

花園神社《はなぞの》（新宿区新宿五丁目）は、幕府が開かれる以前から新宿総鎮守として祀られてきたとされる。社伝では、大和吉野山より勧請《かんじょう》された。江戸初期には現在の伊勢丹のあたりにあったが、旗本屋敷が作られることになり、現在地に移転した。

花園神社には、通常、神社にとってもっとも大切な社伝や場所に対するこだわりがあまり見られない。一般的には、明らかにフィクションでも、社伝は自社の古さを高らかに宣言し、他ではなくその場所にある理由を滔々《とうとう》と語る。その点、花園神社は、社伝からして、いかにも新興街の鎮守といった趣だ。同社宮司だった片山文彦も、江戸以前の同社について「ほこら程度のものであったろうが、全く分からない」としている（「花園神社から見た観光」）。

花園神社と呼ばれるようになったのも最近のことだ。維新以前、日本の宗教は神仏混淆《こんこう》の状態だった。花園神社も、新義真言宗豊山派《しんごんしゅうぶざんは》愛染院《あいぜんいん》の別院である三光院の中に合祀《ごうし》され、同寺住職が管理していた。そのため、長く三光院稲荷と呼ばれていた。

神仏混淆を解消したのが廃仏毀釈《はいぶつきしやく》だ。一八六八年、神仏判然令が出されたことに始まる。明治政府がもたらした悲劇の一つだ。神道を国教とするため、仏教が外来宗教として攻撃された。神社と寺が峻別され、全国各地で寺院・仏像・仏具が破壊された。

花園神社は、この時から三光院稲荷ではなく、稲荷神社と呼ばれるようになった。花園が冠されていないのは、届け出の際に花園と書くのを忘れてしまったためだ。花園神社となるのはようやく一九六〇年のこと、末社である大鳥神社が合祀されてからである。

花園神社には廃仏毀釈と関わる逸話が残されている。仏教排斥の先鋒となったのが神祇官《じんぎかん》だ。神祇官から送り込まれた官員が寺社を巡り、仏教要素を含むものを没収した。花園神社には猿渡という男がやって来た。花園神社の神官は、厨子《ずし》に納められた仏教風の御神体が没収されるのを恐れて、あわてて社務所の羽目板を外して御神体を隠した。おかげで没収は免れたのだが、神官が間もなく亡くなってしまった。

それから三〇年あまり後、社務所の羽目板が鼠に食い破られた。それを修繕しようとしたところ、金色に輝く御神体が発見された。神々しい老翁が稲穂を担いだ九センチメートルほどの像だった。典型的な稲荷神の姿だ。この時初めて厨子の中が空であることが分かり、近隣の古老の話から、右の事情が判明したのであった。

†都市へと開かれる境内

花園神社と言えば、年末の酉《とり》の市《いち》を思い浮かべる人も多いだろう。酉の市は、日本武尊が東征の帰りに行った戦勝のお礼参りに遡るとされる関東特有の祭りだ。花園神社には、前述の通り、大鳥神社が合祀されている。場所柄、飲食店の経営者や芸能関係者などが商売繁盛の熊手を求めて集まり、六〇万もの人々が訪れる。

しかし、江戸期や明治初期には大鳥神社は見る影もなかった。一八七九年、風雨で大破していた大鳥神社を近隣住民が建て直し、浅草の鷲《おおとり》神社（第三章参照）を真似て、酉の市を開くことになったのだ。花園神社自体が、江戸から戦中までは、それほど目立つものではなかった。場末の町の鎮守といった風情だったのだろう。大きな展開を見せるのは、戦後、新宿が発展してからなのである。

同社境内には芸能浅間神社もある。元々富士塚だったものが、一九八一年に転用された。同社を囲む塀には、朝丘雪路からコロッケまで芸能人の崇敬者の名前が並ぶ。また祠のすぐ手前には、藤圭子の『圭子の夢は夜ひらく』の歌碑も建てられている。

新宿の神社としての花園神社を語る上で欠かせないのが、唐十郎《からじゅうろう》率いる劇団・状況劇場（紅《あか》テント）の公演だ。一九六七年夏、唐たちは境内にテントを設営し、「腰巻お仙　義理人情いろはにほへと篇」を上演した。境内での前衛劇の上演は、神社本庁憲章が述べる「森厳なる風致」や「古来の制式」とはかけ離れたものだろう。実際、その後も「アリババ」「由比正雪」が上演されたが、氏子たちからの反対もあり、翌年には境内を追われた。

一九七九年、一二年ぶりに同社での公演が認められた際、唐は、都市の生活自体が「一種の祭儀」であり、それを裏返したのが演劇だと語っている。そして、演劇をやるのに花園神社はうってつけだという。唐にとって、都市的なものの対極が花園神社なのだ。この時に上演された「青頭巾」は胎内回帰願望がテーマであった。唐は、都市化が進む社会の中で、神社には閉鎖的であるがゆえの温かさが残っていることを感じとっていたのだろう。

一九八四年には、演出家・蜷川幸雄《にながわゆきお》によるギリシャ悲劇「王女メディア」が同社で上演された。劇は拝殿前で演じられ、全国の寺社で奉納芸能が行われるきっかけになった。花園神社はいかにも新宿の神社らしく、新たな試みへと宗教空間を開き、都市の神社の可能性を広げてきたと言える。

†稲荷鬼王神社

新宿歌舞伎町のビルのはざまに鎮座するのが稲荷鬼王《きおう》神社（新宿区歌舞伎町二丁目）だ。鬼を崇敬する珍しい神社である。大久保村の村社として、一六五三年、戸塚諏訪神社から福瑳稲荷が勧請されてきた。それからおよそ一〇〇年後、鬼王権現が合祀された。

鬼王権現は、元々、紀州熊野の神だった。これを江戸に勧請したのが田中清右衛門という百姓である。きっかけは、清右衛門が過度の女遊びで性病になったことだ。清右衛門は、病の治癒を求めて西国巡礼に旅立った。そして旅の途中、清右衛門の夢に白髪の老人が出現し、「紀州熊野の鬼王大権現に豆腐を捧げて祈れ」と告げた。言われた通りにすると病はすぐに治り、感動した清右衛門は鬼王権現の石像を大久保に持ち帰ったのである。

鬼王権現に豆腐を一丁奉納すれば、腫物や性病に効くとの評判が高まり、花柳界の人々を中心に大人気となった。その後、清右衛門の子孫の源之助の代に火事になり、福瑳稲荷に合祀されるようになった。

後日談がある。熊野の人々が鬼王権現の江戸での大流行を聞きつけたのだ。彼らから見れば、江戸での鬼王権現の流行は面白くない。清右衛門は強引に鬼王権現の石像を持ってきてしまったようだ。当然の成り行きで、熊野の人々は石像返還を清右衛門に申し入れた。だが新宿の人々は、熊野から江戸までとり返しにくるわけがないと判断し、返却を拒否したのである。

今でも同社では鬼を福の神として崇敬している。節分の際も、「鬼は外、福は内」ではなく、「鬼は内、福も内」と唱える。また氏子の間には、鬼よけになるとされる柊《ひいらぎ》を植えない、桃太郎の鬼退治の話はしないといった慣習が存在していたという。鬼王権現信仰は熊野にも残されていない。何か異形《いぎょう》の神を思わせる名である。将門の幼名が鬼王であり、実は将門を祀っているという説もあるが、これは他の将門伝説が流布する中で生まれたものだろう。

同社には、一九三〇年に造られた富士塚の一部も残されている。同社の氏子たちが中心となって活動していたが、持続することはなかったようだ。一九六八年の社殿再建の際、富士塚は二つに分けられている。一九八〇年代には、四〇〇名程度の氏子がおり、歌舞伎町という場所柄、香具師やバーの経営者などが多く含まれていた。一カ所に代々定着する農村の氏子ではなく、都市に集まった人々である。

前出の花園神社宮司の片山は、新宿には三代続いた老舗はほとんどなく、「新宿を出て行った人が二度と新宿に戻ったためしがない」と記している。遠来の異形の神の合祀から始まった稲荷鬼王神社にも、新宿の高い流動性が刻印されている。

3　上野・小伝馬町

†摩利支天徳大寺――高架下の女神

摩利支天《まりしてん》徳大寺(台東区上野四丁目)は観光地として名高いアメ横にある。正式には日蓮宗妙宣山徳大寺というが、同寺が祀る摩利支天のイメージが強く、その名で呼ばれる場合が多い。江戸期、上野山下からアメ横にかけて多くの寺院が立ち並んでいたが、ほとんどは地震と戦災でなくなった。徳大寺は界隈《かいわい》に残るほぼ唯一の寺である。

縁起によれば、徳大寺は江戸初期の寛永年間（一六二四〜四四）、日遣上人《にっけんしょうにん》によって創建された。同寺が寺宝として祀るのが、聖徳太子が彫ったとされる摩利支天像だ。摩利支天は、インドの宗教文化の気配を濃厚に残した神である。元々は陽炎《かげろう》が神格化されたものだ。陽炎には実体がないため、傷つくことがない。それゆえ、武運長久を願う武士の守護神として信仰を集めた。楠木正成《くすのきまさしげ》や前田利家が摩利支天像を帯びて出陣したという伝承もある。

摩利支天を祀る寺社はそれほど多くない。徳大寺と京都建仁寺《けんにんじ》の塔頭《たっちゅう》・禅居庵、金沢の宝泉寺が日本三大摩利支天とされる。摩利支天は女神とされ、猪に乗った姿形で描かれる。徳大寺は関東大震災と戦災で二度にわたって灰燼《かいじん》に帰したが、摩利支天像はいずれの災難も逃れており、災厄を払う神として面目躍如たるものがある。

武士の時代が終わった後も、摩利支天は力士や芸能者の守護神として信仰を集めた。一九一八年、東京と大阪の素人による相撲対決が行われた。大阪宿禰会紳士角力団が上京し、東京代表と戦った。その時の東京方の団体名が摩利支天団であった。摩利支天団は、古河銀行・読売新聞・宮内省に勤める者や医者・書家・政治家など多彩なメンバーで構成されていた。しかし、相撲の結果は、二八対一一で大阪方の圧勝だった。暴風雨のため、摩利支天団のメンバーの多くが参加できなかったためである。

芸能者で摩利支天を崇拝したのが、最後の女歌舞伎役者・澤村紀久八《きくはち》（一八六四〜一九三二）だ。澤村は、人気役者になるまでは男の肌に触れないと誓いを立てた。摩利支天が女神だからこその願かけである。それから三年後、澤村は神田三崎座の花形となった。だが、その後の芸能生活は安泰ではなかった。愛人問題で情緒不安定となり、舞台上でおかしな振る舞いをして中断されることもあった。澤村の舞台上での奇行を元に『俠艶録』という新派劇も作られた。

†ヌミノーゼ——畏怖と魅惑

ドイツの神学者ルドルフ・オットー（一八六九〜一九三七）は、聖なるものを体験する状態をヌミノーゼと呼んだ。オットーがヌミノーゼの特徴の一つとして挙げたのが、畏怖と魅惑という矛盾する感情の喚起である。逃げ出したいものであると同時に惹《ひ》かれてしまうものが聖なるものだというのだ。摩利支天は、恐ろしい存在であるからこそ触れたくなってしまう、恐怖をもたらす存在だからこそすがりたくなってしまう神の典型だ。

そして、こうした二面性のある神の居場所として繁華街はふさわしい。徳大寺は今でもアメ横のど真ん中にある。朝から晩まで往来の絶えない場所だが、明治期からそうだった。清澄な祈りだけでなく、欲望渦巻く場所でこそ摩利支天は祀られる。都市そのものが畏怖と魅惑という相反する感情を引き起こす場なのである。

徳大寺は第二次大戦で焼失し、郊外に移転再建するという話も出た。しかし、利益追求が激しい盛り場にこそ寺院があるべきだという当時の住職の考えから、現在の場所に再建された。一九六四年、全伽藍《がらん》が再建され、本堂正面には吉田茂揮毫《きごう》の「威光殿」という扁額が掲げられた。階下には商店が入った鉄骨コンクリート製の珍しい寺院になった。寺に人の流れを断ち切られたくないというアメ横の商店主たちからの要望があり、立体構造になったのである。

再建直後、寺の下には純喫茶とバイキング・レストランが入っていた。住職が布施や寄付に依存することに疑問を持っており、寺院自らが資金を稼ぎ出す形を模索したのだ。伝統的な寺院の姿に固執するのではなく、東京という大消費地にふさわしい形に変化したのである。

†大安楽寺——資本と慰霊

江戸期、小伝馬町《こでんまちょう》には牢屋敷があった。拘置所に相当する施設で、罪人の拷問や処刑が行われた。八百屋お七（第三章参照）や平賀源内などが収容され、幕末には多くの勤王志士が投獄処刑された。吉田松陰もここで斬首された。一八七五年、小伝馬町の牢屋敷は市谷《いちがや》に移転して東京監獄となる。大安楽寺《だいあんらくじ》（中央区日本橋小伝馬町三番）は、牢屋敷の跡地に作られた寺院である。

牢屋敷の移転後、同地はいったん更地《さらち》になったが、わざわざそこに住もうとする者はいなかった。次第に荒れ果て、牢屋の原と呼ばれるようになり、ますます人が寄りつかなくなった。ある時、近くで火事があり、近隣住民がやむなく家財を持って牢屋の原に避難した。しかし、火事は鎮まったが持ち出した家財が焼け、処刑された人々の祟りのせいだという噂が広まった。皇居からわずか一・五キロメートルほどの場所に、呪われた荒地が出現してしまったのだ。

こうした状況を憂慮し、大安楽寺創建に奔走したのが麻布不動院住職の山科《やましな》俊海だった。俊海は、たまたま通りがかった牢屋の原で、火の玉が燃えているのを目撃する。俊海は火の玉は処刑された維新志士たちの無念の幽魂《ゆうこん》と察し、慰霊のために寺を建てようと決心した。

俊海は、八年にわたって寺院建立のための寄付金を募り、五〇〇〇円を蓄えた。平均的な地価は坪一〇〇円だったが、牢屋の原は不浄地とされたため、坪三円五〇銭にすぎなかった。俊海は四〇〇坪の土地を購入して高野山から弘法大師像を遷《うつ》し、一八八二年、新高野山大安楽寺を創建した。当時、東京中心部に新たに寺院建立が許可されることは稀だったが、不浄地の浄化ということで、大安楽寺は例外的に認められたのだった。

同寺創建を可能にしたのは、伝統的な檀家ではなく、有志の寄付金だ。寄付金の筆頭者は財閥を興《おこ》した実業家であった。寺の名は、大倉喜八郎と安田善次郎のそれぞれから「大」と「安」の文字をとったものである。

†俊海の謀略

無念の死者たちの慰霊のために、無私で寄付金を集める。大安楽寺創建までの俊海は、いかにも高潔な宗教者だ。しかし、寺の後継をめぐって騒動が起きる。

一九〇一年、俊海は福田慈海に寺を譲った。俊海は、浅草光月町《こうげつちょう》にあった福寿院の住職になって、半隠居生活を送ることになった。寺の譲渡の際、俊海は慈海に四つの約束をさせる。①無縁の魂の回向《えこう》を続ける、②慈海の師である釋 雲照《しゃくうんしょう》の意見に従う、③横浜の増徳院と妻沼の歓喜院を法類（同宗同派の寺）として仰ぐ、④退任時には大安楽寺を返却するというものだ。慈海は誠実かつ熱心な僧で、一時、大安楽寺の信徒は二万人にまで膨れ上がった。

しかし、一九〇八年、真言宗高野派宗務寺法懲罰条例第七条の「先師法類に対し奸曲の所業ある者」という条文に基づいて、突然、慈海は大安楽寺住職を懲免され、増徳院に転任と決められた。しかも、懲免は慈海不在のまま決定され、本人には知らされなかった。

決定翌日、懲免されたことをまだ知らない慈海が普段通りに礼拝しているところに、数名のゴロツキが現れた。引き連れていたのは俊海だった。俊海は、自分は大安楽寺の新住職に決まった新井興厳の代理だと言い、慈海を追い出しに来たのであった。

慈海懲免は俊海の謀略だった。実は、俊海が慈海を本山に訴えていたのだ。訴えの内容は、慈海が麻布不動院の卒塔婆《そとば》を削って再利用して儲けているというものだった。証拠として、慈海の悪行について書かれた雑誌記事も提出されていた。

納得がいかなかったのは慈海を慕う信徒たちだ。真面目な慈海がそのような悪行を働くわけがなかった。魚河岸《うおがし》で働く者たちなどは、狸坊主俊海を殴り殺すと息巻いた。慈海の懲免を避けるため、信徒団が高野山最高位の管長に直談判しに行くことまで計画された。

やがて全貌が明らかになる。俊海は、大安楽寺の後に移った福寿院の敷地を抵当に金を借りた。しかし、借金を返済できずに福寿院から追い出され、長屋暮らしをしていた。そこで一計を案じ、大安楽寺を奪取しようと企んだのだ。慈海の悪行の証拠として提出された雑誌記事も俊海自身が書いたものだった。

不浄と金玉

劇作家・小説家の長谷川時雨《しぐれ》（一八七九〜一九四一）は、牢屋の原をめぐる思い出を書き留めている。牢屋敷の跡地の一部を時雨の父親に無償で譲ろうという人があったが、不浄地として断ってしまったのだ。後々、地価が高騰し、そのことで母親が愚痴をこぼした。

金持ちになれる真理となれない真理――転がりこんで来た金玉《かねだま》を、これは正当な所得ではございませんとかえして貧乏する。いまどきそんなことはないかもしれないが、私のうちがそれだった。

御維新のあとのごたごたが納まっても、なかなか細《こま》かしいことは何時《いつ》までも残っていたのであろう。転《ころ》がりこんで来た金玉を押返してしまった人たちが、ある日こんなことをいっていた。

「たいした土地になった。」

「だからとっておおきになればいいのに。」

それは小伝馬町に面した大牢《たいろう》の一角を、無償で父にくれようといった当時のことを母が詰《なじ》ったのだ。（中略）

「西島屋のならびをずっとくれるといったのだが、おら不快《いや》だからな。」

「お父さんは欲がないから、断ってしまったのだとお言いなのだよ。今じゃたいした土地なのにねえ。」

母は、土一升金一升のまんなかで、しかもめぬきの土地の角地面の地主さんになれなかった怨《うら》みを時たまこぼす。

「あすこはな、不浄場といってたが、悪い奴ばかりはいないのだ。今と違ってどんなに無実の罪で死んだものがあるかしれやしない。おれは斬罪《ざんざい》になる者の号泣《なきごえ》を聞いているからいやだ。逃《のが》れよう、逃れようという気が、首を斬られてからも、ヒョイと前へ出るのだ。しでえことをしたもんで、後から縄をひっぱっている。前からは、髷《まげ》をひっぱって、引っぱる。いやでも首を伸す時に、ちょいとやるんだ。まあ、あんな場処はほしくねえな。」(「牢屋の原」)

江戸が終わり東京が始まった時、土地は浄/不浄ではなく、資本として評価されるようになった。宗教的に穢《けが》れていても、東京中枢に位置すれば、とてつもない金銭的価値を持つ。大安楽寺そのものが地縁や血縁といった伝統的なつながりではなく、資本の力で作られた。資本主義の黎明《れいめい》期、俊海の行動は、善悪はさておき、資本主義に忠実なものだったと言える。

大安楽寺には運慶作とされる像が二つ伝えられている。一つは境内の堂に祀られる江戸八臂《はっぴ》弁財天だ。元々は江ノ島に祀られていたものだという。神仏分離による破壊を免れるために転々とし、最終的に三井物産社長・坪内安久の手に渡った。坪内は像を海外に売ろうとしたが、商談が成立した途端、家族に次々と不幸が起きた。そこで像の由来を調べてみると、売買しようとした者がことごとく亡くなっていることが分かり、大安楽寺に納めることになったという。

もう一つは、出世大黒と呼ばれる大黒像だ。豊臣秀吉が所有していたとされ、それが転々とした後、紅葉館《こうようかん》主人の長谷川たき子の手に渡り、大安楽寺に奉納された。紅葉館は東京タワーの敷地にあった会員制料亭で、政治家・実業家・軍人などが出入りするサロンであった。一九一五年の読売新聞には、出世大黒像は一般には知られていないが、その御利益は素晴らしいという提灯《ちょうちん》記事が載っている。読売新聞社創設に関わった子安峻《こやすたかし》が紅葉館の常連であり、同社の会合や宴席が紅葉館で行われていたことと無関係でないだろう。

いずれにしても、金と縁のある寺である。勤王志士たちが命を落とした場所に、浄化のために資本が注入されて寺院が作られた。そして、そこが借金騒動の舞台となる。大安楽寺は地縁から資本へという価値観の変動を体現した寺だと言える。

4 銀座

†人が暮らさない街の神社

東京の繁華街を語る上で銀座をはずすことはできない。

本来の意味では、銀座こそが下町だ。一丁目から八丁目までの一平方キロメートルにも満たない土地に無数の商店・飲食店がひしめき、その地価は途方もない。銀座四丁目の山野楽器銀座本店付近の土地は、二〇一六年現在、一坪で一億三〇〇〇万円を超える。

江戸期、銀座に銀貨鋳造所・両替所が置かれた。正式名称は新両替町であったが、一般に銀座と呼ばれた。その後、不正事件が生じて鋳造所・両替所は移転となったが、通称の銀座は残った。そして、明治になってすぐの一八六九年、銀座一丁目から四丁目が作られた。

しかし、明治の銀座を襲ったのは四度の火事だった。銀座大火（一八七二）では、四一町が類焼し、五〇〇〇人近い被災者が出た。銀座大火の二日後、旧新橋駅（汐留）―横浜駅間の鉄道工事が一段落した。新橋駅に隣接する銀座は東京の玄関口となった。また、銀座のすぐ横の明石町には外国人居留地があった。欧米の視線のすぐそばで、近代国家として、いつまでも火事を出し続けるわけにはいかなくなった。

大火の後、銀座の建物を煉瓦《れんが》造りにする布告が出された。住民の反対、建築費用、地権などさまざまな問題があったが、翌年には煉瓦造りの街並みが完成した。しかし、見慣れぬ素材の家に住もうとする人はなかなかいなかった。「煉瓦家屋に住むと水ぶくれになって死ぬ」といった噂が流れた。こうした偏見もあったため、煉瓦建築に入居したのは近代化を象徴するような新しい業種であった。輸入品を扱う商店や、東京日日新聞や幸徳秋水《こうとくしゅうすい》の平民新聞などのメディアである。銀座商店のシンボルとも言える天賞堂や服部時計店が店を構えたのも一八八〇年前後のことである。

その後、関東大震災で壊滅的な被害を受けるが、銀座は、舶来の最先端の品がそろう日本最大の商業地として発展する。大正末期から昭和初期にかけて、三越・松坂屋・松屋などの百貨店が銀座に出店した。三井や大丸が出店した江戸最大の繁華街・日本橋の人気が次第になくなっていったのとは対照的である。

銀座は特殊な街だ。そもそも農村や住宅地としての歴史はなく、地価高騰によって元々少ない住民数がさらに激減した。二〇世紀初頭には二万七〇〇〇人ほどの住民がいたが、近年では三〇〇〇人程度だ。およそ一〇〇年で九分の一程度にまで減少した。とはいえ、二〇一〇年の昼間人口は一〇万人を超える。要するに、銀座は人が暮らさない街なのである。

実際、銀座には伝統的な寺院は一つもない。その代わりに、四〇近くの神社や小祠がある。これらの多くは、代々その地に根づいてきた住民ではなく、企業や商店会によって伝えられてきたのである。

†銀座八丁神社めぐり

銀座の聖地を考えるには、銀座八丁神社めぐりに注目するのが良いだろう。石井が都市の寺社研究を開始するにあたって注目した都市巡礼である。

銀座八丁神社めぐりは、一丁目から八丁目に点在する札所《ふだしょ》をめぐるものだ。札所となる神社のいくつかは会社内に設置されており、普段は立ち入れない。それが、毎年秋のオータム・ギンザの期間、会社のロビーに下ろされるなどして参拝可能になるため、この期間にめぐる人が多い。この時期には集印帳も配布される。主催するのは、銀座の町会・商店会組織・業種業態組合から成る全銀座会である。

銀座八丁神社めぐりそのものは、一九七三年に始まった新しい巡礼イベントだが、札所はそれ以前から存在する。札所の一覧は次の通りである。ただし、時期によって、札所は一三カ所になったり、一〇カ所になったりする。たとえば、神社のある建物の改装工事が行われていれば、その年は札所にならないのである。

①幸《さいわい》稲荷神社（銀座一－五）
②銀座稲荷神社（銀座二－六、越後屋ビル屋上）
③龍光不動尊（銀座三－六、銀座松屋屋上）
④朝日稲荷神社（銀座三－八－一〇、大広朝日ビル）
⑤銀座出世地蔵尊（銀座四－六－一六）
⑥宝童稲荷神社（銀座四－三－一四）
⑦あづま稲荷神社（銀座五－九）
⑧靍護《かくご》稲荷神社（銀座六－一〇－一、旧松坂屋銀座店屋上）
⑨成功稲荷神社（銀座七－五、資生堂本社内）

⑩豊岩稲荷神社（銀座七－八）
⑪八官《はちかん》神社（銀座八－四）

靏護稲荷神社（松坂屋上野店屋上）

一瞥《いちべつ》して、稲荷が八つ含まれていることに気づくだろう。稲荷は宇迦之御魂神《うかのみたまのかみ》とも呼ばれ、狐と同体視されてきた。食物・穀物・農業などを司るとされ、そこから商業神・産業神としての性格が付与された。商売や家運向上といった庶民的な願いに効くと信じられる神である。

稲荷は、八幡や天神と並び全国でももっとも多く祀られる神と言われるが、商都である江戸東京にも無数にある。江戸に多いものとして「伊勢屋、稲荷に犬の糞」と言い習わされた。一八九〇年に完成した帝国ホテルは、隣にあった鹿鳴館《ろくめいかん》と共に近代日本のシンボルであったが、その前庭にさえ稲荷の祠が作られていたのである。

鬮護稲荷神社は、松坂屋銀座店の屋上に鎮座していたが、同店は二〇一三年に閉店し、再開発後のビルに神社が復活するかどうかは不明だ。由緒によれば、一八一五年、松坂屋創業一家の伊藤家によって、伏見稲荷から現在の荒川区東日暮里《ひがしにっぽり》に勧請された。松坂屋屋上の祠は、ここからさらに分祀されたものだ。この時期以前、松坂屋は何度か火事にあっており、そのためか鬮護稲荷は火伏せの神として祀られている。

面白いのは同社で祀られる神像についてのエピソードだ。由緒では、一八八一年のある夜、神社で当直していた老人が境内で一匹の狐を見かけた。後には、一巻の掛け軸が残されていた。豊川《とよかわ》稲荷の神像が描かれており、すぐに社殿に祀ったという。稲荷は、基本的には京都府の伏見稲荷系か愛知県の豊川稲荷系に分けられる。伏見稲荷は神社であり、豊川稲荷は円福山豊川閣妙厳寺《みょうごんじ》という曹洞宗の寺院である。この両者が一つの社に混在しているのは珍しい。

鬮護稲荷が松坂屋銀座店の屋上に分祀されたのは一九二九年だ。銀座店設立は一九二四年であり、五年も空いている理由は不明だ。石井の推測によれば、資生堂の成功稲荷が一九二七年に奉安されたのは、同年から始まる金融恐慌による業績悪化がきっかけであり、鬮護稲荷も同様だったのではないかという。なお、鬮護稲荷は松坂屋上野店にも祀られており、同店もリニューアル工事中だが神社は健在である。

†ビルの上の神社

銀座の神社を考える上ではずせないのが、朝日稲荷神社と八官神社である。いずれもビルと神社が一体化、というよりも神社がビル化されている。どちらも正確な来歴は分からない。

由緒によれば、朝日稲荷は古くからこの界隈にあったが、一八五五年の安政大地震で倒壊して、三十間堀《さんじっけん》に埋もれてしまった。三十間堀は、現在の昭和通りと中央通りの間にあった人工水路だ。だが関東大震災の時、三十間堀の川底が隆起し、今度は埋もれていた神璽《しんじ》が出現し、再び祀られたという。地震に苛《さいな》まれる東京らしい言い伝えだ。

しかし、この社殿も戦災によって焼失する。戦後、一九五二年に宗教法人朝日稲荷神社として再建されるが、一九八三年、隣の建物と共同ビルを建設する話が持ち上がる。その結果、本殿はビルの屋上に移設されることになった。面白いのは、拝殿がビルの一階と二階を吹き抜けにして作られたことだ。そして、拝殿と本殿は土の詰まったパイプでつながれ、一階の拝殿にはマイクが付けられた。マイクで集音した参拝者の祈りが屋上の本殿脇のスピーカーから流れる仕組みになっているのだ。

日本の宗教には遥拝《ようはい》という祈りの作法がある。たとえば、高い山の山頂にある神社に対して、本来であれば登山して参拝しなければならない。だが天候不順、健康上の問題、先を急ぐとい

朝日稲荷神社

った理由で登頂できない時、麓から拝んで済ませるのだ。また、神宮遥拝所を備えた神社が各地にある。これは伊勢神宮に向かって参拝するための施設だ。つまり、祈りは物理的距離にはそれほど左右されないという宗教的感覚があるのだ。

それに対して、土の詰まったパイプやマイクとスピーカーといった設備は徹底的だ。屋上の本殿と地上の参拝者を物理的につなぎとめようとしている。ビルという人工物によって作られた距離は、山や谷といった自然が作り出す距離とは別物ととらえられたのだろう。

一方、こうした点が問題視されたのが八官《はちかん》神社である。同社は、元々、穀豊《こくほう》稲荷神社と呼ばれる村社であった。名前が変わったのは明治の区画整理の時だ。八官町の名が消えるのを嫌った地域住民が神社にその名を冠したのだ。八官という名前は、江戸初期、同地にオランダ人ヤヨウス・ハチクワンの屋敷があったことに由来するとされる。

八官神社について特筆すべきは、かつて銀座で唯一神主のいた神社であることだ。会社内や路傍に建てられた社や祠ではなかった。しかし、銀座は人の住まない街だ。一九七三年には、八官神社の氏子は六〇軒ほどだった。この年、銀座八丁神社めぐりが始まったのは、同社にとって大きかった。商業イベントという形で巡礼に組み込まれることで、参拝者が増加した。英文おみくじなども先駆けて頒布していた。

そして一九八〇年代、地価の高騰もあり、神社のビル化が進められた。一階を拝殿とし、最上階に本殿が据えられ

八官神社

た。それ以外のフロアには、銀座らしくクラブなどの飲食店が入った。氏子組織をあてにできない分、家賃収入によって神社の財政を支えようとしたのである。

しかし、朝日稲荷と異なり、八官神社の場合、神社の構造が神社本庁によって問題視された。神主がいる神社であったためだろうか。神社は大地に接していなければならないというのだ。そこで土の詰まったシャフト・パイプでつながれた。このパイプは「神の御柱」と名づけられた。朝日稲荷と同じく、高層に鎮座する神を地上と物理的につなごうとする試みである。

結局、この騒動によって、八官神社は神社本庁から離脱して単立の宗教法人となる。当初は、家賃収入による神社運営も上手く行っていたが、時と共にビル経営が悪化した。さらに神主が急逝し、事実上、活動のない神社になってしまった。その後、氏子が働きかけて八官神社の御神体を芝大神宮《しばだいじんぐう》に合祀することになり、現在では、その分霊が祀られる形になっている。

大都市中枢部では、寺社は、否が応でも社会変動と向きあわなければならない。銀座に限らず、東京都心の寺社は、伝統的な地域社会を脱した寺社のあり方として興味深い。大資本・企業・商業・イベントといった新たな基盤を得ながら、東京の変化に対応してきたのである。

†天空神社——銀座の古神道

現在でも新たにビルの中に聖地が生まれている。最後に、ギンザコマツ西館の屋上庭園に作

天空神社

られた天空神社（中央区銀座六丁目）に触れておきたい。

同社の由来は新しい。一九九二年、イベントスペースで展覧会が行われた際、出展者の一人が大神《おおみわ》神社の砂をまいて成功祈願しているのを社長が見かけたことがきっかけで作られた。当時、会社でも個人的にも不幸が重なり、社長は大神神社に参拝に行くようになった。

奈良県桜井市にある大神神社は、神道の古い形を残した聖地として知られる。大神神社には、いわゆる本殿は存在しない。拝殿の奥には特徴的な三ツ鳥居があり、その先には大《おお》物主大神《ものぬしのおおかみ》が鎮まる三輪山が控えている。山そのものを崇拝する形式なのである。

こうして、銀座とはもっともかけ離れた場

所から最古級の神が招かれた。当初は社長室に神棚があっただけだが、ビルのリニューアルの際、屋上に天空神社として遷《うつ》された。磐座《いわくら》が据えられ、御嶽山《おんたけさん》の木曽檜《きそひのき》で大神神社の三ツ鳥居を模した鳥居が作られた。周囲には、神社には欠かせない梛《なぎ》や榊といった常緑樹が植えられている。参道には京都の深草土が用いられ、大文字山の太閤石で組まれた角井筒も設置されている。神道の基層にある自然崇拝を銀座のビルの屋上に再現しようとしたのである。

同ビルの一階から六階にはコム・デ・ギャルソンが入っている。最先端の洋服ブランドと最古級の神という組み合わせだ。あまりに対極的すぎて、むしろ両者が調和しているようにも思われる。館内表示にも、しっかりと三ツ鳥居が描かれている。いずれにせよ、こうした組み合わせが可能になったのも銀座ならではだ。

東京の人口過密と発展は、特にバブル期以来、地価を異常なまでに高め、街の高層化を招いた。大地と接触して暮らすことは東京都心では特異なことだ。それは寺社も例外ではない。ビルの中の聖地を伝統からの逸脱として批判することは容易《たやす》い。しかし、祈りの形の変化、新しい聖地の可能性として受け止める方が現代の宗教文化について深い理解をもたらすはずである。

第三章

重なり合う聖地——江戸・帝都・東京の多層性

1　徳川以前に起源を持つ聖地

†江戸東京名所の変遷

最高権力が置かれ続けた江戸東京であるからこそ、寺社は変化する。本章では、江戸から帝都へ、帝都から東京へという時代状況の中で変化を遂げた寺社をとり上げてみたい。

東京に限らず、寺社の多くは名所として描かれ語られる。寺社は、その土地で暮らした人々の記憶や物語をつなぎとめる場所であり、それゆえ地域のシンボルになる。また、かつてははるかに実用的なランドマークでもあった。正確な地図もなく、街中に詳しい案内標識がなかった時代、寺社は街を移動する際の実用的な目印だったのだ。

江戸開府からおよそ半世紀後、浅井了意《りょうい》（一六一二?～九一）の『江戸名所記』（一六六二）が刊行された。江戸城を中心に時計回りに名所を紹介したもので、日本橋・不忍池《しのばずのいけ》・神田明神・浅草寺など、約八〇カ所がとり上げられている。『江戸名所図会』も、こうした名所解説本の系譜に連なるものだ。明治以降も東京名所ガイドは作られ続けた。「明治の広重」と呼ばれた小林清親《きよちか》（一八四七～一九一五）の『東京名所図』（一八七六～八一）を皮切りに、『東京名勝三十六景』『新撰東京名所』『昭和大東京百図絵』『新東京百景』などが出版された。

名所図については、大宮直記らによる体系的研究がある。それによれば、時代によって、名所としてとり上げられる場所の性格は変化している。まず、一八八七年頃までは、宗教施設・橋・自然空間が多い。これは江戸期の名所図会とも共通する。一方、明治後期から大正期になると、近代日本を意識させる場所が多くなる。東京府庁・貴族院・農商務省といった政府や役所の施設、西郷隆盛や大村益次郎など維新に功のあった人物像や日清日露の英雄像や記念碑だ。逆に、宗教施設は減少する。昭和戦前期には、具体的な施設ではなく、街並みが多くとり上げられた。この時期は関東大震災からの復興期で、街並みを通じて東京の復活が描かれたのだ。そして、戦後になると街並みと共に飲食店や娯楽施設が増加し、宗教施設や橋、自然空間も再びとり上げられるようになったのである。

とり上げられる地域にも変化が見られる。前章で見たように、江戸東京は東から西へと展開してきた街だ。そのため、最初期の『江戸名所記』では、名所は江戸城北東部に集中している。上野・谷中《やなか》・浅草あたりの寺社が多く、隅田川の眺望などが描かれた。一方、昭和戦前期になると、新宿・渋谷・千住といった郊外も描かれるようになったのである。

宗教施設に限って言えば、江戸から明治初期にかけて多く、帝都時代に減少し、戦後、再び増加した。東京の寺社には幕府の庇護下で発展してきた場所が多いためだろう。神田明神ほどあからさまではないにしても、それらの寺社が、明治以降、東京を代表する場所としてふさわしくないと判断されるようになったことは想像に難くない。

†将門塚——神話としての将門

徳川以前の江戸東京の聖地を考える時、ある種の神話として語られる人物を忘れてはならない。平将門である。

将門についてはすでに触れた。桓武《かんむ》天皇の血を引きながらも関東で挙兵し、新皇を名乗った人物だ。序章で述べた通り、政治体制が変わると将門の評価も激変した。神田明神は江戸期には徳川聖地であったが、明治期には朝敵として将門が追放された。そして戦後、地域住民の努力で再び将門は復活したのである。

将門は一〇〇〇年以上前に北関東で活躍した人物だ。江戸とそれほど強い縁があるわけでもないが、都内には将門関連の寺社が実に多い。江戸の人々にすれば、将門は坂東武者の先駆けであり、京に対抗する権威を関東に築こうとした英雄だ。今でも神田明神の公式サイトには、将門は天慶の乱で「活躍された」と書かれている。そのような意味で、史実はさておき、将門は東国創建の神話的英雄である。その物語はさまざまな寺社に埋め込まれ、そうした寺社は、浅草・神田・九段・大手町・牛込・新宿など東京の要所に点在しているのである。

東京の将門聖地の中でも有名なのが将門塚《しょうもんづか》(千代田区大手町一丁目)だ。首塚とも呼ばれる。三井物産など大企業のビルの谷間に設けられている。まさに東京の中心と言って良い場所だ。ちなみに、江戸初期、同地は老中・酒井雅楽頭《うたのかみ》の上屋敷中庭であった。山本周五郎『樅《もみ》ノ木は残った』で知られる伊達騒動の舞台となり、原田甲斐が死んだ場所と伝えられている。

九四〇年、将門は、現在の茨城県坂東市岩井付近で討ち死にした。首は平安京へ運ばれ、都大路で晒《さら》されたと伝わる。伝説では、数日経つと将門の首は空を飛び、切り離された体を求めて東国に舞い戻った。それを祀ったのが将門塚だというのだ。こうした伝説は、将門が日本史上、初めて公開の場で首を晒された人物であることと関係するだろう。将門は晒し首の先駆けでもあり、それが最強の怨霊という将門イメージの形成に寄与したと考えられる(室井康成『首塚・胴塚・千人塚』)。

将門の首塚は他にもあるが、大手町の将門塚がもっとも知られている。胴体は、討ち死にし

将門塚

た場所からほど近い寺に葬られたとされる。他にも、将門の腕や足、兜《よろい》や鎧《かぶと》を祀った寺社が各地にある。要するに、将門は四肢を徹底的に分断されて祀られているのである。

民俗学の草分けの一人である中山太郎（一八七六〜一九四七）によれば、将門の葬られ方は、強い霊を鎮めるためのものだ（「屍体と民俗」）。将門は無念の討ち死にをした変死者だ。変死者は凶霊になるとされ、それを鎮めるのに用いられたのが支解分葬《しかいぶんそう》である。死体をいくつかに斬り離し、異なる場所に埋めて凶霊の発生拡散を防いだのである。

物部守屋《もののべのもりや》に仕えて朝敵となった捕《と》鳥部万《とりべのよろず》（?〜五八七）の死体は、朝廷の命令で八つに分けられ、八カ所に分葬された。前九年の役で死んだ安倍貞任《あべのさだとう》（一〇一九?〜六二）も同様だ。伝説では、貞任の遺骸は京に運ばれ、洛外の下宇津《しもうつ》に埋葬された。だが、朝になると生き返ってしまった。そこで支解分葬が行われた。貞任の巨体を七つに斬り分けて埋め、さらに宇佐から八幡を勧請《かんじょう》した。それが下宇津八幡宮だと伝えられている。同社周辺には、遺体を切断した切畑、手足を埋めた足手谷、下半身を埋めた人尾《ひとのお》峠、首を埋めた貞任峠などの地名が残されている。

将門の埋葬も典型的な支解分葬であり、それによって、さまざまな寺社が生み出された。将門は、崇徳天皇、菅原道真と並び三大怨霊と呼ばれ、荒俣宏の出世作『帝都物語』(一九八五)にいたるまで、過剰な霊威を持った神とされてきた。味方につければ頼れるが、祀り方を誤ったり、祭祀を疎かにすると酷く祟るのだ。神田明神の社伝でも、将門塚の周辺で天変地異が相次ぎ、将門の霊を鎮めるために、一三〇九年に同社で祀られるようになったと語られる。神田明神が創建されたのも将門塚の場所であり、後に現在地へ遷されたのである。

†昭和以降の将門

昭和になってからも、将門は恐れられ続けた。

将門塚は関東大震災で倒壊した。跡地に大蔵省の仮庁舎が建てられることになったが、職員や関係者が相次いで亡くなり、将門の祟りと噂された。近代日本を支えたエリートたちが本当に祟りを信じていたわけではないだろう。だが、一九二八年三月二七日には、大蔵省主催で将門鎮魂祭が行われた。神田明神宮司、同社と同じく将門鎮魂を担ってきた浅草日輪寺住職が臨席した。蔵相経験者の阪谷芳郎、当時の蔵相・三土忠造《みつちちゅうぞう》も出席しており、それなりに真剣な鎮魂祭だったと思われる。

一九四一年にも、再び将門鎮魂が行われた。大蔵省が落雷で火事になったことや、少し前に蔵相経験者が二人も暗殺されたことが祟りと噂された。亡くなったのは、血盟団事件に斃《たお》れた井上準之助と二・二六事件で青年将校に撃たれた高橋是清だ。この時は震災で壊れた故蹟保存碑が再建されることになり、その地鎮祭が執り行われたのである。

戦後しばらくは、将門塚を訪れる人はほとんどいなかったようだ。それを一変させたのが、NHK大河ドラマ『風と雲と虹と』（一九七六）の放映だ。将門塚の賽銭を管理するための口座が三和銀行（現・三菱東京UFJ銀行）に開設されるほどの人気となった。放映終了後も人気は衰えず、三和銀行が寄付した賽銭箱がたびたび狙われた。

面白いのは、近年になって将門塚を支えるコミュニティが生まれたことだ。三井物産をはじめ、将門塚に隣接する企業が参加して将門塚保存会が作られた。二〇〇五年には、三井物産から将門のための神輿が寄付された。将門の神輿は関東大震災の時に失われたとされ、それから八〇年以上経っての復活だ。将門神輿は神田祭の時に渡御するが、担ぎ手は将門塚近隣にある会社で働く人々だ。

以前から、左遷や出向になった人々が将門塚を訪れることはあった。将門の首が京から戻って来たことにならい、東京に戻れるように願をかけるためだ。特に一九八六年の三井物産マニラ支店長誘拐事件以来、東京復帰の願かけが目立つようになったという。

保存会結成や神輿の復活は、断片的な将門信仰を組織化したと言えるだろう。ただ、氏子のように地縁に基づくのではなく、大手町・丸の内が世界有数のビジネス街だからこそ可能になった結びつきである点が、いかにも東京らしい。

✝吉祥寺

檀林《だんりん》という言葉がある。僧侶の養成機関や仏教の学問所のことである。江戸期、吉祥寺《きちじょうじ》は、関東における曹洞宗随一の教育・研究機関とされた寺である。

吉祥寺と言っても武蔵野市ではなく、文京区本駒込三丁目にある。武蔵野市に吉祥寺という寺があったことはない。一七世紀中頃、大火の後、本駒込の吉祥寺門前の人々が、当時原野だった武蔵野を開拓して集団移住した。そして移住前に親しんでいた寺の名を新しい村に冠したのだ。それほどまでに、駒込吉祥寺は隆盛していた。

吉祥寺の起源は、将門と並ぶ関東の歴史的シンボルである太田道灌の逸話にさかのぼる。江戸城築城のため、道灌が井戸を掘らせたところ、吉祥増上と刻印された銅印が見つかった。そ

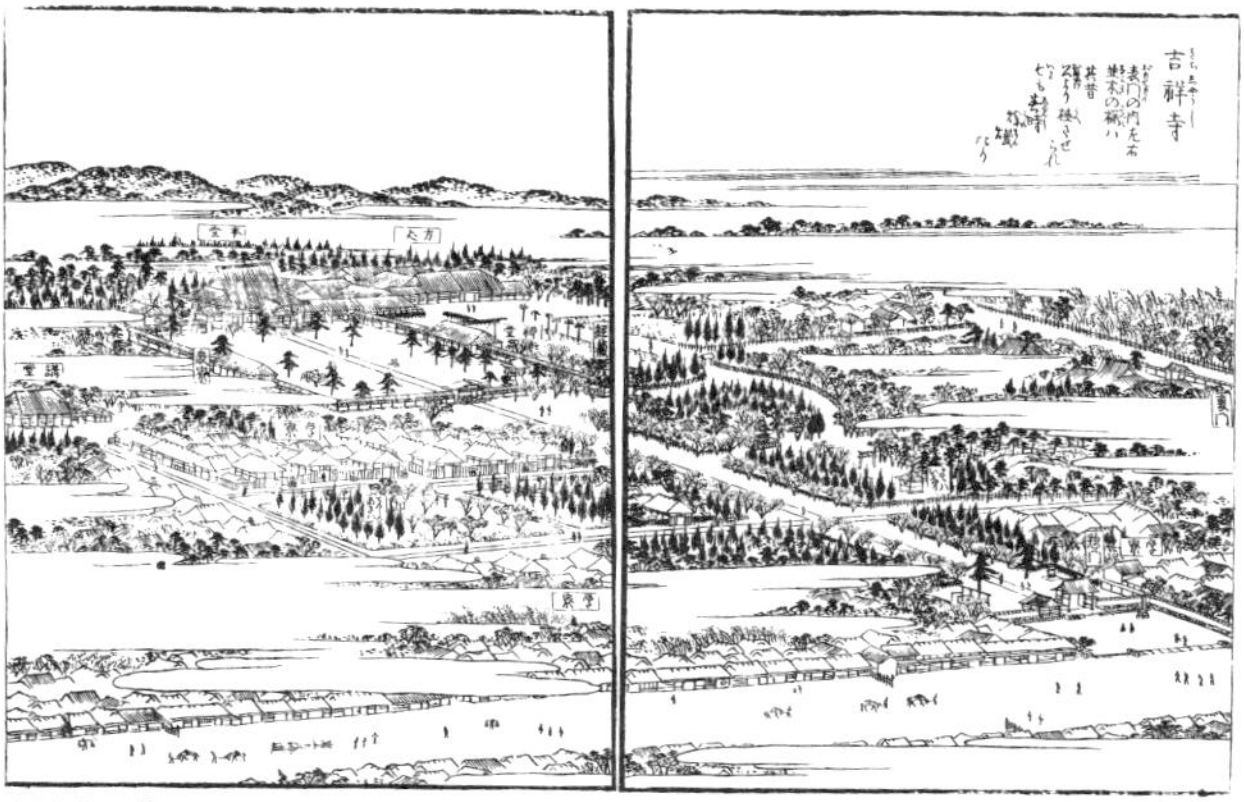

吉祥寺（『江戸名所図会』5、ちくま学芸文庫）

こで、道灌は青巖周陽《せいがんしゅうよう》を招き、吉祥庵を開山した。吉祥庵は、江戸城和田倉門付近にあったが、二度の大火で焼失し、現在地に再建されたと伝わる。

江戸期の吉祥寺は、七堂伽藍《しちどうがらん》を備えた大規模な寺院であった。『江戸名所図会』の挿絵からも、広大な敷地と充実した設備がうかがえる。多くの学寮が描き込まれている。三河寮や加賀寮のように地域名が冠され、一〇〇〇人もの学僧がいた。大学のような組織だったわけだが、実際、吉祥寺の旃檀林《せんだんりん》が曹洞宗大学林となり、現在の駒澤大学になったのである。

このように吉祥寺は学問の寺であった。他の仏教系大学の多くも同じように檀林・学林が発展したものだが、吉祥寺は、特に漢学研究では昌平坂学問所と並び称されるほどだった。そして、学問重視の風潮から生まれたのが、僧は学問と修行のどちらを優先すべきかという論争であった。

吉祥寺の宗派である曹洞宗は、日本仏教の中でも特に実践を大切にする。修行は悟りへの手段ではなく、修行こそが悟りであるという修証一等《しゅうしょういっとう》、ひたすら坐禅することを意味する只《し》管打坐《かんたざ》を教えとする。また、出家者のあり方を厳格に定める出家主義をとる。言葉や文字で悟りにいたるのではなく、濃密な身体実践と宗教生活が重視されるのだ。

養成機関別に見ると、禅僧は駒澤大学に連なる学林出身者と修行道場である僧堂出身者に二分できる。両者は互いを厳しく批判しあった。学林出身者は、僧堂出身者を意味も分からずに経を読み、鐘をつくだけの者と軽蔑した。逆に、僧堂出身者は、学林出身者を法式作法も知らず、読経の下手な者たちと侮蔑したのである（熊本英人「近代曹洞禅僧の僧堂観」）。

両派の対立は続き、正信論争が巻き起こる。学問を重視したのは忽滑谷《ぬかりや》快天（一八六七～一九三四）だ。快天は学林を出た後、慶応義塾大学で学び、曹洞宗について英語著作を出版するほどの知識人だ。一方、実践を重視したのが原田祖岳《そがく》（一八七一～一九六一）だ。学林出身であるが、禅の高僧たちを訪ね歩き、臨済宗の禅も修めた人物である。いずれも駒澤大学で教鞭をとったが、参禅か学問かをめぐって激論を交わした。

この論争の本質は、知と実践のいずれによって真理へ到達するのかというものだ。あらゆる宗教が抱え込む問題であり、答えが出ることはない。ただ、この論争が明治期以降に生じたことは重要だ。論争の背景にあるのは近代化である。僧侶教育であっても、いつまでも寺院で従来通りに行うわけにはいかない。近代的な学校として社会から認知されるには、合理性・学術性を無視できなくなったのである。

近代社会では、宗教がまったく宗教的なままで存続することは難しい。西欧でキリスト教が学問に組み込まれてきたように、信仰をそれなりに論理的な言葉で説明し、教育として広める姿勢が必要となる。吉祥寺は、近代化の中で宗教が直面せざるをえない信か知かという終わらない論争を象徴する場所なのである。

†悲恋と報徳精神

現在の吉祥寺には、一大学問所としての面影はほとんどない。東京大空襲によって、江戸随一とも言われた七堂伽藍は山門と経蔵を残して焼けてしまった。山門に掲げられた「旃檀林」という額が、かつての隆盛をわずかに伝えている。とはいえ、吉祥寺は忘れ去られたわけではない。明治以降、吉祥寺は悲恋の物語と共に語られてきた。

物語の主人公はお七《しち》である。お七は本郷で暮らす家の娘であった。だが、大火によって一家は家を失い、近隣の寺で避難生活を送る。その際、お七は寺で小姓として働く吉三《きちざ》に恋をする。その後、家が再建され、お七は寺を出たが、吉三への想いは募る。お七は、もう一度火事が起

吉祥寺の比翼塚

きれば吉三に会えると思いつめ、自分の家に火を放った。ボヤでおさまったが、お七は捕縛されて火あぶりに処された。

「八百屋お七」として知られる話である。どこまでが史実かは定かでない。お七の実家が八百屋かどうかも分からないし、お七が引き起こしたのが天和《てんな》の大火（一六八三）とする話もあれば、この火事でお七が焼け出されたという話もある。お七は、当時、一六歳だったとされるが、幕府の公的記録があるわけでもない。

しかし、悲恋の少女の物語は大衆の心をつかんだ。処刑から間もなく、お七を主人公の一人とする井原西鶴『好色五人女』（一六八六）が大阪で出版された。お七以外の四人の主人公も、一途な恋を貫いた実在の人物だ。歌舞伎や浄瑠璃でもお七の物語が演じられ、独特の設定が生まれた。お七の家は吉祥寺の檀家であり、焼け出されて避難したのが同寺だったというのだ。

お七が暮らした本郷界隈で吉祥寺がもっとも大きな寺だったことから舞台に選ばれたのだろう。史実のお七は不明であり、吉祥寺に何かが残されているわけではない。だが、吉祥寺はお七の寺として語られ、一九六六年、有志によってお七と吉三を供養するための比翼塚が建立された。比翼塚とは、相思の男女を供養するためのものだ。

悲恋の物語は三〇〇年近く語り継がれた。詩人・堀口大學（一八九二〜一九八一）も「お七の火」で、お七の放火に共感し、「あれは大事な気持ちです　忘れてはならない気持ちです」と書いた。お七と吉三を縁結びの神として、比翼塚に参拝する人もいる。

吉祥寺には有名人にまつわる逸話がもう一つある。同寺には二宮尊徳（一七八七〜一八五六）の墓がある。薪《まき》を背負って歩きながら読書をする像で知られる金次郎だ。小田原出身の尊徳の墓が、なぜあるのか。実は、尊徳の死後、遺骨は八〇年以上も埋葬されないままだった。

尊徳は現在の栃木県今市市で亡くなった。遺髪と歯は嫡子の尊行によって故郷の寺に納められたが、遺骨は家に置かれた。その後、二宮家は東京に移り住んだ。一九二三年、尊徳の曾孫が南洋視察に出ることになり、亡き妻と尊徳の遺骨を新たに檀家となった吉祥寺に預け、帰国後に埋葬するつもりであった。だが、運悪く船中で病死してしまったのだ。

結局、尊徳の遺骨はそのままになった。一九三九年、ようやく吉祥寺に遺骨を埋葬して尊徳の墓を建立しようという機運が高まる。ただし、それは単なる慰霊や顕彰ではなかった。当時の新聞は、尊徳は「国民精神総動員で産業開発、勤倹貯蓄の叫ばれている折、その化身ともいうべき報徳精神の権化」であり、「同寺を報徳精神の聖地とし帝都の一名所にしようという運動が進められ着々具体化している」と伝えている（報知新聞一九三九年九月二四日）。そもそも、尊徳が死後すぐに埋葬されなかったのも、維新の混乱のためであったという。それが八〇年以上経って戦争の雰囲気が高まる中で聖人化され、新たな聖地が作り出されたのである。

2　徳川時代に起源を持つ聖地

†五百羅漢寺

江戸期の隆盛と明治期の衰退。五百羅漢寺《ごひゃくらかんじ》は維新を挟んで極端に変化した寺だ。現在は目黒区下目黒三丁目にあるが、かつては隅田川東岸に所在した。

創建者は松雲元慶《しょううんげんけい》（一六四八〜一七一〇）だ。京出身の元慶は、大分県の耶馬渓《やばけい》の羅漢寺にある数千の羅漢像を目にした。羅漢は正式には阿羅漢と言い、部派仏教において最高位まで到達した修行者のことだ。羅漢寺では、現在でも三〇〇〇を超える仏像群を見ることができる。

羅漢寺で感銘を受けた元慶は、自らの手で羅漢像を造ることを決意する。一六八七年、江戸へ赴き、托鉢《たくはつ》して資金を集め始めた。将軍綱吉の母・桂昌院《けいしょういん》の援助を得ることもでき、五三六体の羅漢像を彫り上げた。そして一六九五年、五百羅漢寺が本所五ツ目（現在の江東区大島）に創建されたのである。

　その後、五百羅漢寺を江戸名所に仕立て上げたのが三代目住職・象先元歴《ぞうせんがんれき》（一六六七〜一七四九）である。象先によって大伽藍が建立された。徳川家との結びつきも依然としてあり、将軍吉宗がたびたび訪れ、参禅したという。

　名物は、さざえ堂と呼ばれる独特の建築だ。一層から三層まであるが、上りと下りの通路が交わらず、一方通行になっている。さざえ堂建築は現在でも会津若松などに残されている。五百羅漢寺のさざえ堂には、諸国百カ寺の観音が祀られた。これは寄進者がそれぞれ仏師に依頼して個別に

山手通り沿いの松雲羅漢像

旧五百羅漢寺の羅漢堂（『江戸名所図会』６、ちくま学芸文庫）

作られた。寄進者は自分の仏像が他よりも良いものになることを望み、仏師も他の仏像と並べられることから競争意識が芽生え、優れた仏像が並んだと言われる。

さざえ堂三層目には展望台が設けられ、江戸屈指のビュースポットとなった。松亭金水《しょうていきんすい》『江戸名所独案内』（一八四六）という本がある。地方から江戸に来たお上りさん用のガイドだ。同書の表紙裏には、五百羅漢寺のさざえ堂に登った二人の旅人が江戸観光に期待を膨らませる様子が描かれている。

江戸末期以降、五百羅漢寺に災厄がふりかかる。安政大地震で大破し、翌年には暴風雨と高潮で大被害をうけた。この時期以降の五百羅漢寺は荒れ果てたままだったようだ。とはいえ、さざえ堂は、全国の仏師の名作が並ぶ貴重な研究の場であった。仏師・彫刻家の高村光雲《たかむらこううん》（一八五二〜一九三四）は、修業時代、さざえ堂に頻繁に通って仏像研究を行った。

しかし、明治の廃仏毀釈の下、五百羅漢寺の境内は共同墓地にされ、さざえ堂は解体されて売りに出された。百観音も、含まれる金銀を目当てに二束三文で買い叩かれた。金銀の部品がはずされた百観音はまとめて燃やされそうになった。焼かれる寸前に光雲が駆けつけて、五体だけを何とか譲り受けた。その中には、松雲作の観音像もあり、光雲はそれを自分の守り本尊として手元に置いたという。

慧海と照

明治以降、大きく衰退した五百羅漢寺だが、その後、二人の対照的な住職を迎えた。まずは河口慧海《えかい》（一八六六〜一九四五）である。

泉州堺に生まれた慧海は、井上円了（一八五八〜一九一九）の哲学館（現・東洋大学）で学んだ後、一八九〇年、五百羅漢寺の住職になる。得度から住職になるまでにほとんど間がなく、当時の五百羅漢寺の衰退ぶりがうかがえる。しかし、慧海はわずか一年程度で住職を辞めてしまう。当時鎖国体制にあったチベットに前人未到の旅に出るためだ。

仏教は発祥地のインドから中国、朝鮮半島という経路で日本に伝わった。チベットに伝わったのは七世紀と日本よりも遅いが、サンスクリット語の原典に忠実な経典が残されていた。慧海は漢訳経典に多くの誤りがあることを問題視しており、原典に近いチベット語経典を得るための旅に出たのである。

慧海は、自分が宗派内で存在感があり、五百羅漢寺住職という「非常に便宜な地位を占めて居った」ことも自覚していた（『チベット旅行記』）。しかし、寺や宗派の仕事に忙殺され、仏道に専修できなかった。そうした事情もあって、命がけの旅に出た。事前に旅費の準備もしなかった。仏道にある者は「何処に行くとても凍餓の為に死すということはない」と信じ、一八九七年、無銭で神戸港から旅立った。

慧海は雪を水代わりに食べ、徒歩でヒマラヤにわけ入り、ユキヒョウに怯え、英国スパイと疑われ、強盗にあいながらもチベットにたどり着く。チベットでは国籍を中国人と偽るなど苦労しながら研究を重ねた。そして六年後、一切経など大量の仏典を持ち帰ったのである。

その後の慧海は、僧籍がなくとも戒律を守る在家仏教を提唱し、大正大学教授として研究に没頭した。帰国の際、慧海は、日本でもヒマラヤにいた時のように修行すれば良いと決心する。日本にはヒマラヤ山中の悪神よりも恐ろしい悪魔がひそみ、ヒマラヤの断崖よりも酷い落とし穴がある。「そういう修羅の巷へ仏法修行へ行く」と思って帰国した。慧海の人生は、第二次大戦末期に防空壕で転んで亡くなるまで、一途に仏道に捧げられた。

超俗的な慧海と対照的なのが安藤照（一八八〇〜一九四八）である。芸者名のお鯉として広く知られた人物だ。照は東京の漆問屋に生まれるが、生家が零落し、一四歳で新橋芸者となる。一度は歌舞伎役者と結婚するが間もなく離婚し、再び芸者に戻った。飛びぬけた美貌と江戸前の勝気な性格で、芸者お鯉は、絵葉書が売り出されるほどの人気になった。

お鯉の評判を聞きつけたのが元老・山縣有朋《やまがたありとも》である。山縣は日露戦争で疲れ切った総理・桂太郎にお鯉を紹介した。当初、お鯉は妾になることを拒み、桂に「玩具にされるのなら嫌です」と啖呵《たんか》を切った。妾宅とは別に総理官邸にもお鯉の間が作られた。ポーツマス条約への反発から生じた日比谷焼打事件の際にはお鯉の家にも暴徒が押しかけ投石した。

一九一三年、桂が亡くなる。桂は、自分の死後、お鯉が貞淑を保つことを望んだ。だが、お鯉は京橋でカフェ・ナショナル、赤坂で待合・鯉住を経営するなど、自由な生活を続けた。政府要人たちとの付き合いも続いたようだが、結局それが仇《あだ》となり、お鯉事件を引き起こす。

一九三四年、貴族院議員・小山松吉《こやままつきち》に収賄容疑がかかる。小山は大逆事件の担当検事で、検事総長や司法大臣も務めた。お鯉は小山の収賄を証言するが、逆に、それが偽証であったことが判明し、有罪となる。その後も、不渡りや地代未払いで家を失うなど不幸が続いた。

五百羅漢寺は、一九〇八年に現在の下目黒に移転していた。お鯉が妙照として住職になったのは一九三八年である。尼になることを勧め、得度式で親役を務めたのは、玄洋社総帥・頭山《とうやま》満《みつる》(一八五五〜一九四四)であった。頭山は日比谷焼打事件を仕掛けた人物でもある。お鯉の得度を報じた新聞見出しには「プッツリ俗世を断って　お鯉さん得度式」（読売新聞一九三八年一一月一一日）とあるが、俗世との付き合いは続き、寺は政財界サロンのようであった。

五百羅漢寺は、一九八一年、珍しいビル型の寺となった。総工費三五億円の四棟からなる大規模な建築だ。カフェも併設され、五百羅漢像も専用の建物で観ることができる。江戸期の絶頂からその後の衰退、慧海とお鯉、何にせよ振れ幅の大きい寺である。

†東叡山寛永寺——江戸が東京になる時に唯一失われたもの

寛永寺（台東区上野桜木一丁目）の破壊は、維新がもたらした最大規模の損害だ。

維新を無血革命だとする意見もあった。大政奉還や江戸城の無血開城が作り出したイメージだろう。実際には、上野戦争・会津戦争・箱館戦争などが戦われ、夥《おびただ》しい血が流され、虐殺も起きた。そして、寛永寺は徳川聖地であったがために戦場となった。

寛永寺を創建したのは慈眼大師こと天海（一五三六?～一六四三）である。天海は家康・秀忠・家光の三代に仕えた僧で、初期江戸幕府の首脳の一人だ。江戸を宗教的に守護すべく、一六二五年、鬼門にあたる上野に寛永寺を築いた。

東叡山《とうえいざん》という山号の通り、寛永寺は比叡山《ひえいざん》に見立ててデザインされた。寺の名が元号であるのも、延暦寺《えんりやくじ》にならったものだ。根本中堂《こんぽんちゆうどう》や釈迦堂も比叡山をモデルとする。吉野からは桜が移植され、琵琶湖に見立てた不忍池には弁才天が祀られた。清水観音堂・祇園堂・大仏なども造られ、京・奈良・近江の宗教文化が上野山内に集められたのである。

寛永寺は、当初、徳川家の祈禱寺であった。芝増上寺《しばぞうじょうじ》は、家康入府の一五九〇年頃に徳川家の菩提寺になったとされる。増上寺の方が歴史的に古く、宗派も徳川家の浄土宗であった。だが、間もなく寛永寺も菩提寺とされ、家綱・綱吉・吉宗・家治・家斉・家定の六人の将軍が葬られた。時代が下ると共に寛永寺の格式と権勢はさらに高まる。皇族が座主を務め、朝廷から輪王寺宮《りんのうじのみや》の称号が与えられた。そして、輪王寺宮は日光の輪王寺に加え、本家本元の比叡山延暦寺の座主まで兼任するようになったのである。

最盛期には境内の広さは三〇万坪を超え、大名に匹敵する一万二〇〇〇石の寺領が与えられた。現在、中央通りと不忍通りが交差するあたりに、寛永寺に入ってゆくための三つの橋があった。公園前交番のあたりに二つの門があった。御成門《おなりもん》と黒門である。そこから伸びる道がかつての参道で、現在は花見の時にもっとも賑わう道だ。

根本中堂があったのは現在の噴水広場である。そして、東京国立博物館の所に本坊があった。その他、山内に三六の子院を抱えていた。いかに広大な寺院であったか分かるだろう。また、山下から車坂町方面にも多くの寺が集まっていた。とげぬき地蔵として知られる巣鴨の高岩寺《こうがんじ》も、明治中頃までは現在の岩倉高校付近にあった。

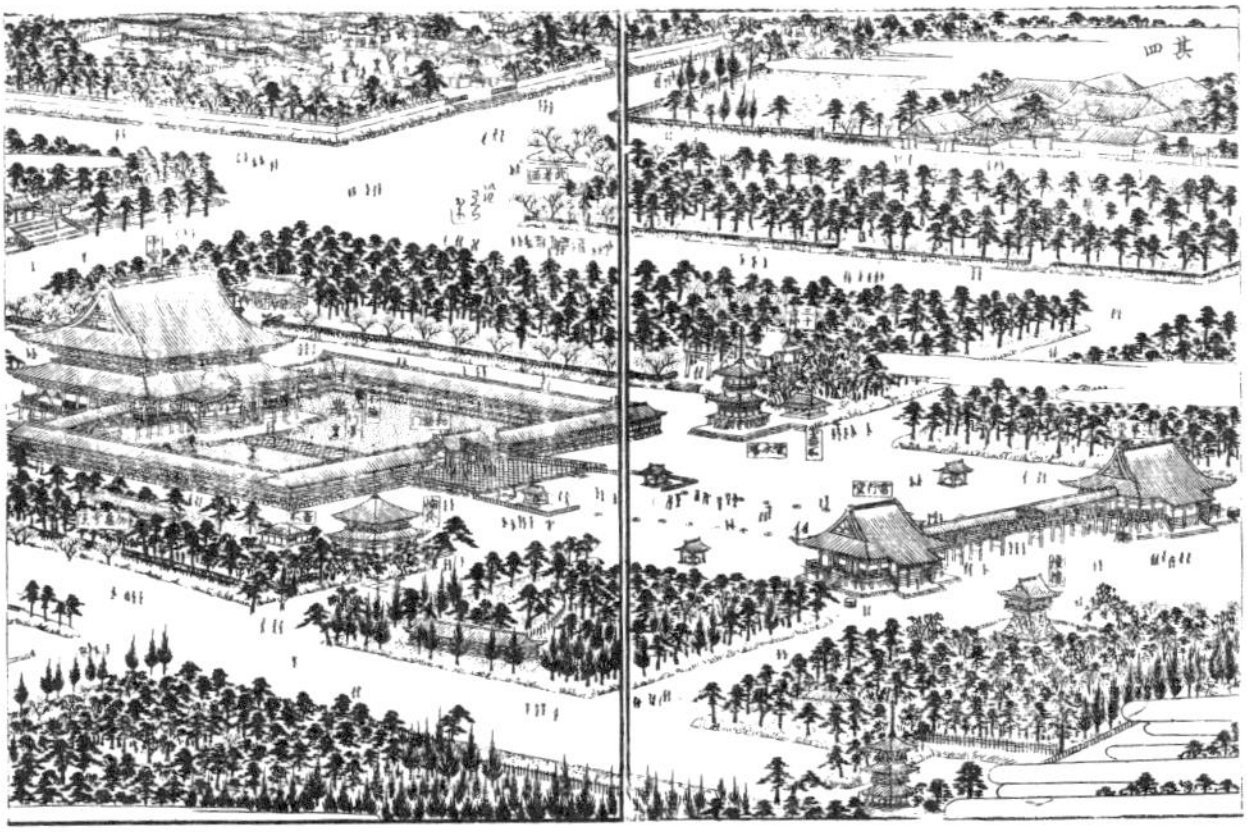

旧寛永寺根本中堂付近(『江戸名所図会』5、ちくま学芸文庫)

寛永寺は徳川幕府の治世下、三〇〇年近く王権の聖地であったからこそ、維新の時には激しい破壊の対象となった。矢田挿雲《そううん》は、寛永寺を江戸が東京になる時に唯一失われたものとしている(『江戸から東京へ』九)。次章で述べる彰義隊《しょうぎたい》が寛永寺に立てこもり、維新軍と戦ったのだ。寛永寺の諸堂は兵火で失われたとされるが、戦闘終了後に維新軍の兵士二人が根本中堂や本坊に火をつけたと言われる。梅雨明け直前で湿気が高く、なかなか火が燃え広がらなかったのを苦労して燃やしたという。

†王権の聖地から大衆の観光地へ

国家主宰の聖地であった寛永寺は、維新後、大衆のための公共空間へと改造されてゆく。古い時代の宗教的権威がはぎとられ、近代文明の展示場へと作り変えられたのだ。

手始めが、一八七三年の明治政府による公園制度の導入である。「古来ノ勝区名人ノ旧跡地等」を「永ク万人偕楽ノ地」とするものだ（明治六年太政官布告第一六号）。徳川聖地が狙い撃ちにされた。増上寺の芝公園、吉宗が整備した飛鳥山公園、徳川家祈願寺の浅草寺、そして寛永寺が公園として大衆に開かれた。

一八七九年、寛永寺の復興が認められる。だが王権の後ろ盾を失い、境内地も大きく損なわれ、財政状況は厳しかった。根本中堂は川越の喜多院から本地堂が移築されてきた。喜多院は一時期天海が拠点とした寺で、寛永寺創建前は関東天台の本山とされた名刹である。火事で焼失した際には家光が再建するなど、徳川家との結びつきが強い。しかし、本地堂移築のために与えられたのは、子院の一つがあった谷中方面の奥まった場所であった。

清水観音堂は三〇年以上も放置された。一八九九年頃になって、ようやく再興しようという動きがでるが、予算が乏しい。そこで近隣の飲食店に寄付を求めたり、不忍池の弁才天を開帳するなどして資金がかき集められた。また、公園内には天海の遺髪塔があるが、その向かいには、あてつけのように公衆便所が設置された。

寛永寺の象徴的破壊として特に重要なのが内国勧業博覧会の開催だ。近代化の推進、言いかえれば江戸からの脱却を目的に、国内物産を集めて競争させ、産業振興を図ろうというものだ。

「上野東照宮」（『東京風景』）

一八七七年の第一回は寛永寺の本坊跡地で行われた。博覧会には天皇が臨席した。日清日露の戦勝祝いも上野で行われ、その度に天皇行幸があった。天皇が上野の山を訪れて勅語を発することで、支配者交代を印象づけたのである。

博覧会の時に作られた美術館が、後に東京国立博物館となる。同館蔵書には紅葉山文庫（序章参照）や昌平坂学問所のものが含まれており、まさに徳川色を明治色に塗り替えるものであった。第三回内国勧業博覧会（一八九〇）では、かつての寛永寺本坊の門が会場の中門に流用された。この門には上野戦争時の弾痕がついていた。博覧会には地方からの来場者も多く、中門の横に上野戦争の遺物であることを示す説明板が立てられた。

一八八二年、動物園が開園する。この頃から、上野の山は近代の最新文化に触れると共に、江戸の歴史文化を回顧する歴史観光の場としての性格もあわせ持つようになる。

寛永寺境内には東照宮があった。上野東照宮は、一六二七年、藤堂高虎と天海によって造営された。家康を祭神とする点で、まさに寛永寺の至聖所と言える施設だが、上野戦争でも被害は受けなかった。震災や戦災も免れ、一六五一年に家光が改築した社殿が現存する。参道脇には全国の大名が競って奉納した灯籠が並ぶ。佐久間勝之《かつゆき》が寄進した六メートルを超えるお化け灯籠もその一つだ。

こうした江戸の面影は、維新後、格好の観光対象となり、東照宮の周囲には出店や茶屋が並んだ。第三回内国勧業博覧会の時には、寛永寺の徳川将軍の墓地を一般公開しようという動きまで生じた。江戸期には秘められた聖所であったからこそ、近代以降、観光資源として価値を持つようになったのである。

†敗者たちのサロン

寛永寺の受難は続く。上野公園とは別に寛永寺の存続は認められていたが、政府を後ろ盾にする博物館の権威が勝った。一九二〇年代になっても、当時の門跡は輪王寺には住まず、子院の凌雲院にいた。庭の木を剪定《せんてい》するのにも、いちいち博物館の許可を得なければならないような状況だった。この頃、芥川龍之介は次のように書き記している。

寺院の堂塔が王朝時代の建築を代表するように、封建時代を表象すべき建築物を求めるとしたら天主閣を除いて自分達は何を見出すことができるだらう。しかも明治維新とともに生まれた卑しむべき新文明の実利主義は全国にわたって、この大いなる中世の城楼を、なんの容赦もなく破壊した。自分は、不忍池《しのばずのいけ》を埋めて家屋を建築しようという論者をさえ生んだわらうべき時代思想を考えると、この破壊もただ微笑をもって許さなければならないと思っている。(「松江印象記」)

芥川は江戸下町の中央区明石町に生まれ、本所の母方の実家で育てられた。芥川家は代々お数寄屋坊主として幕府に仕えた。幕臣の血が流れる芥川には、江戸文化を破壊しようとする「薩長土肥《さつちようどひ》の足軽《あしがる》輩」は「幼稚なる偶像破壊者《アイコノクラスト》」と映った。

芥川の懸念はしばらく後に的中する。戦後の食糧難の時期、不忍池は水田にされてしまった。一九四九年頃には、池を埋め立てて野球場を作る計画も持ち上がった。景観を乱すという地元の上野観光連盟の反対運動が功を奏し、なんとか野球場計画は撤回された。だが、今度は動物園を池の方に拡張して、水上動物園を作ることになった。

動物園は東照宮の方へも拡大された。維新後、東照宮は宮内省に返還されたが、後に東京市に払い下げられた。そして、戦後は公園から東照宮の敷地が再び分離された。分離の際、東照宮の風致を乱さないことが約束されたが、実際には動物園のアナウンスが一日中響き渡った。さらに、動物園が敷地を拡大したことで、浮浪者が東照宮境内に移り住み、たき火をするようになった。聖域が危険にさらされた東照宮側は異議を申し立てたが、動物園側は強気だった。動物園拡張は東照宮の保存に役立っているというのだ。維持費に困窮して荒れ果てていくよりは、動物園に吸収され、文化財として保護されるべきだと主張したのである。

この頃の寛永寺は財政的にさらに行き詰まり、将軍家墓地の一部を分譲して売り出している。徳川聖地であったがゆえに、檀家は徳川家や旧幕臣に限られ、維新後は実業で成功した渋沢栄一くらいしか有力檀家はいなかった。そのため、一般の立ち入りが禁じられていた聖所を開放し、新たな檀家を獲得せざるをえなかったのだ。

上野の山が近代文化の展示場に改造される一方、縮小された寛永寺は旧幕府方の旧交を温める場にもなった。一八八九年には、家康入府の三〇〇年記念として、松平容保《かたもり》や勝海舟といった旧幕縁者が上野東照宮に参拝した。一九一七年には、戊辰東軍殉難者のための五〇回忌が寛永寺で行われた。呼びかけ人には、葵会・一橋会・田安旧誼会・碧血会《へきけつ》（五稜郭で戦った人々）・旧交会（静岡県出身者の会）が名を連ねた。

一九七七年にも戊辰殉難者慰霊祭が寛永寺で開催された。徳川家や旗本の子孫だけでなく、伊達・上杉・南部など各藩主の末裔も参加した。特に最大数の死者を出した会津からは、会津弔霊義会を中心に約一〇〇名が参加した。王権の聖地からの転落が激しかったからこそ、寛永寺は敗者の記憶を克明に留める聖地になったのである。

✝千束稲荷と鷲神社――商業化の中の神々

浅草寺から北西に一キロメートルほど行った所に千束《せんぞく》という地域がある。江戸期、吉原遊郭があったことで知られる場所だ。元々、吉原は日本橋人形町付近にあったが、明暦《めいれき》の大火後、千束に移転した。

浅草寺の裏手は吉原田圃《たんぼ》と呼ばれ、江戸の中でも最後まで水田や百姓地が広がる一帯であった。「今戸箕輪《みのわ》浅草絵図」(『江戸切絵図』、一八五三)を見ると、整然とした街並みを持つ下谷・金《かな》杉《すぎ》・浅草・今戸《いまど》・橋場《はしば》に囲まれるように、緑色の千束の田地が広がる。そして、その緑の中に四角形の吉原遊郭が小島のように浮かんでいる。

千束は、都市と農村が最後まで拮抗した場であった。こうした千束の特異な社会文化的環境を利用して書かれた小説が樋口一葉『たけくらべ』(一八九五〜九六)である。吉原遊郭とその周辺を舞台に、思春期の子供たちの成長を描いた作品だ。一葉自身、一八九三年頃に千束の一部の龍泉寺町《りゅうせんじちょう》で雑貨店を営んでおり、その頃の見聞や体験が生かされている。『たけくらべ』の主人公・美登利《みどり》は紀州の生まれだ。まだ一四歳であるため廓外で暮らしているが、ゆくゆくは姉と同じように客をとる運命にある。美登利は周囲の子供と比べて金を持っており、勝気な性格だった。そんな美登利が好意を抱いたのが、近所の龍華寺《りゅうげ》の息子・信如である。しかし、信如は周囲からはやし立てられたため、美登利に冷たい態度をとってしまう。

二人の距離が埋まらないまま、ある日、美登利は髪型を島田髷《しまだまげ》に変える。遊女になる準備だ。この日以来、美登利はすっかり大人しくなり、引きこもりがちになる。そして物語の最後、美登利の家に造花の水仙が投げ込まれる。美登利は水仙を部屋に飾るが、後に、花の投げ込まれた翌日、信如が遠方の僧侶学校に入ったことを知る。

『たけくらべ』の最初と最後では、二つの神社の祭りが効果的に描かれる。物語は、遊郭から少し離れた千束稲荷（台東区竜泉二丁目）の夏祭りから始まる。そして、髪型を変えることで美登利の子供時代が終わる時には、遊郭前にある鷲《おおとり》神社（台東区千束三丁目）の酉の市が描かれる。

千束稲荷と鷲神社を農村と都市の対比として読み解いたのが、文芸評論家の前田愛（一九三一〜八七）である。千束稲荷は伝統的な氏子組織に支えられ、農耕神である稲荷を祀り、農村的なものを代表する。一方、鷲神社は氏子を持たない金銭の神であり、都市の全住民に開かれている。前田は、金銭の論理で美登利が子供時代を終わらせて遊郭へ落ちたように、都市の論理が農村を駆逐する近代化を『たけくらべ』に読み込んだのである(『都市空間のなかの文学』)。

千束界隈で少年時代をすごした人の語りでは、明治末期には千束田圃の中に太郎稲荷(第五章参照)の森が見渡せるような景色であったが、一〇年も経たないうちに住宅で埋め尽くされた。かつては金魚養殖用の池がいたるところにあり、郊外の雰囲気が残っていたが、大正期に入って一気に近代化されたのである。

千束稲荷、鷲神社のいずれも創建年代は不明だ。千束稲荷は、一七世紀中頃には存在していたようだ。浅草から千住にかけて広がる北千束郷にあった龍泉寺村の氏神だ。現在も目立った特徴があるわけではない。境内に建てられた樋口一葉文学碑が最大の特徴と言って良い。

鷲神社は年の瀬の酉の市で有名だ。江戸期には、同社は隣接する日蓮宗長国寺の中にあったが、神仏分離によって独立した。その後、飲食業者を中心に信仰を集め、商業神としての性格を強めた。神仏分離と近代化、二つの潮流の下で鷲神社は大きく躍進したのである。

縁起物の熊手を買いに行く酉の市は東京の年末の風物詩だが、東京以外ではあまり知られていない。足立区花畑の大鷲神社が発祥とされるが、江戸後期以降は千束の鷲神社が活況を呈した。近くに吉原や浅草があり、少し足をのばせば上野があるという好立地が影響したのだろう。市は〇時に始まり、二四時まで続く。大通りに面してはいるが、普段はそれほど人通りの多く

酉の市発祥を謳う鷲神社の看板

ない場所に何十万もの客が押し寄せる。

酉の市は、長国寺ではなく鷲神社の祭事というイメージが強いが、かつてからそうだったようだ。一八九二年の酉の市の収入を見ると、鷲神社の賽銭は三の酉までで一二六五円五〇銭。一方の長国寺はおよそ一三〇円だ。ほぼ一〇倍の差だ。ちなみに、一番稼ぐのは遊郭で、売り上げは一三〇〇〇円である。こうした記録が残されていること自体が、鷲神社の商業神としての性格を物語っている。

一〇〇年後の一九九〇年代、酉の市の本家争いが勃発した。鷲神社はかつての図会を持ち出し、人々が参詣しているのは長国寺境内にあった鷲神社だと主張する。だが、長国寺側からすれば、分離以前は住職が鷲神社の神官を兼ねていたのだから、あくまで同寺発祥の祭事だ。実際、寺で熊手を売っていることに驚く人もいるのだから、同寺が反論したくなるのも当然だろう。両者とも新聞広告を出したり、「酉の寺」という看板を掲げたりしている。依然として商業化の潮流は続き、むしろ強まっているとも言えるだろう。

3　帝都の聖地

†広瀬中佐像――四〇年だけの聖地

一九〇四年、大陸利権をめぐって日露戦争が勃発した。連合艦隊司令長官・東郷平八郎の指揮下、日本はロシアのバルチック艦隊を奇跡的に打ち破り、ポーツマス条約にこぎつけた。司馬遼太郎（一九二三～九六）の名作『坂の上の雲』でこの前後の物語に親しんだ人は多いだろう。

その中でも、クライマックスの一つとなるのが旅順港閉塞《りょじゅんこうへいそく》作戦だ。湾外での海戦を望む日本に対し、ロシアの旅順艦隊は砲台に守られた港湾から出てこない。そのまま時間がすぎれば、バルト海から喜望峰を回ってくる当時最強のバルチック艦隊と挟み撃ちにされてしまう。

そこで日本側がとったのが、参謀・秋山真之《さねゆき》の立案による閉塞作戦だ。旅順港の湾口は三〇〇メートルにも満たない。そこにわざと船を沈没させ、旅順艦隊を閉じ込めてしまおうというのだ。閉塞船の乗組員は船を自沈させた後は退避することになっているが、当然、ロシア軍も黙って見ているわけがない。強烈なサーチライトで幻惑し、激しい砲撃を加えてくる。閉塞船の乗組員は生きて帰れるか分からない。

三度にわたって決死隊による閉塞が試みられたが、いずれも失敗に終わる。結局、旅順は陸軍の壮絶な攻撃によって陥落した。だが、二回目の閉塞作戦時、明治日本の最初にして最大の聖人が生まれた。軍神・広瀬《ひろせ》武夫《たけお》(一八六八〜一九〇四)である。

広瀬は現在の大分県竹田市に生まれるが、西南戦争で家を失い、岐阜県の高山へ移る。そこで小学校教師を勤めた後、海軍兵学校に入学する。日清戦争後はロシアに留学した。この時にロシアの貴族や軍人と交友を深めた。その後、ロシア駐在武官に任ぜられ、日露戦争時には少佐に昇進していた。

一九〇四年三月二七日、第二回閉塞作戦が行われた。広瀬は、乗員一七名と共に、閉塞船・福井丸に乗り込み指揮をとった。船倉には自爆用の爆薬砲弾や重しのセメントが詰め込まれていた。しかし、目的地に達する直前、福井丸はロシア駆逐艦の攻撃を受けて浸水してしまう。乗員は退避ボートに移ったが、爆薬点火のために船倉に行った杉野孫七上等兵曹が見当たらない。広瀬は沈みゆく福井丸に戻って捜索するが見つからない。諦めて退避ボートへ移ろうとしたところ、ロシアの砲弾が広瀬の頭部に命中した。三六歳だった。即日、中佐に特進した。

戦死の模様はセンセーショナルに報じられ、広瀬は聖人に祀り上げられる。戦死から五日後、朝日新聞第一面には「軍神広瀬中佐」と題された記事が、閉塞船の上に広瀬の肖像をあしらった挿画と共に掲載された。公園や通りに広瀬の名を冠し、大通りに広瀬像を建て、その下で中佐を詠んだ詩歌を歌い、中佐について伝える文章を読まなければならないと主張する投書もあわせて掲載されている。

✝軍神の聖遺物

キリスト教のカトリックには聖遺物《せいいぶつ》という概念がある。イエスやマリアをはじめ、聖書に登場する聖人たちの遺体やその一部のことだ。世界中のカトリックの教会には、イエスを打ち付けた釘だとか、聖人聖女の髪や骨が美しい容器の中に保管され、祈りの対象となっている。とはいえ、聖遺物のほとんどは偽物だ。イエスの着衣の切れ端を集めたら、いったい何百人分になるか分からないなどと言われる。しかし、信仰の世界では、聖遺物は、物理的痕跡を通して聖者の尊き生を身近に体感し、信仰をさらに強める機能を果たす。

明治日本の聖人となった広瀬にも同様のことが生じた。四月以降、各紙が広瀬の遺体と遺品が佐世保に到着し、陸路で東京に運ばれる様子を連日伝えた。ただし、遺体といっても「敵弾の為に飛散して僅《わず》かに残れる二銭銅貨大の肉片」にすぎない（朝日新聞一九〇四年四月六日）。遺物は広瀬が愛用した双眼鏡であった。

名和大佐、齋藤大尉の二人が広瀬の聖遺物を護衛した。肉片の入った霊柩は黒の袱紗《ふくさ》に包まれ、一等車に安置された。列車が駅で止まれば、待ち構えていた水兵たちが捧銃《ささげつつ》して送迎し、群衆は脱帽して敬礼した。新橋からは二頭立て馬車で番町の自宅に運ばれた。群衆整理のために警官隊も派遣された。葬儀は四月一三日、築地の水交社を出棺して青山墓地で行われた。

頭部以外の広瀬の遺体は、閉塞作戦の数日後、ロシア軍によって回収された。縁が深かったこともあり、手厚く葬られたという。それが名誉なこととして日本でも報じられた。米国人記者が広瀬の行動に感嘆しただけでニュースになった。今となっては欧米の視線を意識しすぎた反応に思えるが、国際的な聖人を生み出したことへの自負が読みとれる。

広瀬の聖遺物は増えてゆく。福井丸乗組員の帽子が靖国神社の遊就館《ゆうしゅうかん》に陳列された。帽子の持ち主の水兵は、広瀬が撃たれた時に近くにいて、広瀬の血を浴びた。帽子には、広瀬の血痕と肉片がかすめた跡が付いていることで奉納されたのだ。また、旅順要塞では福井丸の機関砲が発見された。ロシア軍が福井丸から奪って、要塞にとりつけたのだ。すぐに大砲ははずされ、遊就館に納められた。

一九〇六年八月、福井丸が海底から引き上げられた。白い甲板を覆っていた鉄板に、「決死隊」と黒ペンキで書かれたのが見つかり、広瀬の絶筆だと騒がれた。後日、鉄板は、福井丸の元々の所有者である大阪の海運業者の縁で住吉大社に奉納された。また、福井丸の中から頭蓋骨も見つかった。これは杉野のものと認定され、旅順に設立された納骨堂に納められた。

†軍神の聖地

広瀬人気は高く、葬儀の際には肖像を売る出店が青山墓地に設けられた。銀座の陶器店は広瀬の半身像を売り出した。一家に一つ軍神をというわけだ。

一九〇四年末には、広瀬の墓前で栃木県の青年が割腹自殺未遂した。体に障碍があったために従軍できず、それを恥じて、家宝の短刀を持って家出した。この世の見納めの東京見物をしてから、広瀬の墓を死に場所に定めたのだ。広瀬は日本武士の模範とされ、当時の小中高生の尊敬する人ランキングでは、聖徳太子やナイチンゲールと共に名を連ねている。

広瀬の聖人化は、当時の風潮であった銅像制作に行き着く。最初の銅像は、一九〇五年、広瀬の第二の故郷高山に造られた。だが、帝都東京に建立されてこそ意味がある。郷土の偉人ではなく、国家の英雄のためには、東京に記憶のための場所が確保されなければならない。葬儀から一〇日も経たないうちに広瀬中佐銅像建設趣意書が発表され、寄付金が集められた。

一九〇八年、広瀬中佐像を神田区万世橋に造る計画が発表された。制作を依頼された渡辺長男は、容貌を写しただけのありふれた像ではなく、「此《この》英雄を永く後世に伝へる」ためのデザインを模索した。渡辺は海軍に相談し、実際に旅順の閉塞地点まで出かけた。そして、閉塞地点に達したその瞬間を像にすることとした。

一九一〇年五月二九日、万世橋の広瀬像の除幕式が行われた。台座だけで六・六メートルあり、その上に三・六メートルの立像が据えられた。台座正面には空を睨む杉野の像、裏面にはいかりが配された。強風雨の除幕式には、東郷を始めとする海軍要人に加え、閉塞隊の生き残り一二名も参列した。地元の神田っ子からの評判も上々で、よ組の木遣りが披露された。

当時の万世橋は、東京でもっとも繁華な場所の一つであった。国鉄中央線・万世橋駅は東京駅ができる前のターミナル駅だ。広瀬像は、日本橋・神田・上野という帝都中枢を貫く線上に造られたのだ。しかし、あまりに繁華な場所であったため、一九二〇年代になると広瀬像が邪魔だと言う意見も出た。交通整理の妨げになるし、鉄道省からは両国橋駅（現・両国駅）から万世橋駅まで高架を延長するため、立ち退いて欲しいという申し入れもあった。

とはいえ、その後も広瀬人気は持続した。一九二六年には、松竹が映画『広瀬中佐』を制作している。主演は岩田祐吉で、初めて外国人エキストラが用いられた映画だった。また折に触れて、銅像前で式典も行われた。一九三四年三月二七日には、旅順閉塞三〇周年の記念式が、神田明神宮司の司式で催された。

一九四〇年代、終戦に向かうにつれて、軍神広瀬のイメージが再び多用された。戦争末期、

「広瀬中佐像」(『東京風景』)

多くの銅像が金属供出のために回収された。だが広瀬像は、皇居前の楠正成、上野の西郷隆盛、議事堂内の伊藤博文、靖国神社の大村益次郎、多摩墓地の東郷平八郎などと共に残されることになった。近代日本の聖人として、広瀬の格がいかに高かったのかが分かる。

しかし、戦後になると状況は一変した。尼港遭難記念碑(序章参照)と同じように、軍国主義的と判断されたモニュメントは撤去か存置かの審査にかけられた。その結果、広瀬像の撤去が決まった。工事も乱暴だった。巨大な像であったため、ワイヤーがかけられ強引にうつぶせに引き倒された。地元の人々がせめて仰向けにしようとしたが、重たくて動かなかった。

その後、広瀬像は行方不明になってしまう。一九六六年、神田のれん会が広瀬像を再建しようと探したが、廃棄の記録すらなかった。二〇一〇年、生まれ故郷の竹田市立歴史資料館の広場に、有志によって二・六メートルの立像が造られた。台座の広瀬の名の上には、「明治の国際人」という空虚な肩書きが刻まれている。広瀬は第二次大戦とは無関係だが、像が置かれた東京の文脈が決定的に変わってしまった。明治という新時代が生み出した聖人は、その終わりと共に消えたのである。

第四章
慰霊と追悼の聖地

1　ダークツーリズムを作るもの

✣暗い場所への旅

ダークツーリズムという言葉を耳にしたことがあるだろうか。

まだ十分に練られた概念ではなく、学問的にしっかりとした定義がなされているとは言えない。漠然と戦跡、慰霊碑、津波や地震の被災地、大量死のあった場所などへの旅を指す言葉として使われるようになっている。アウシュヴィッツの強制収容所跡、ニューヨークの9・11の跡地、広島の原爆ドームなどがダークツーリズムの対象として語られる。こうした場所は、訪問者に対して好奇心の充足以上の体験を提供していることは間違いない。

しかし、どこからどこまでをダークツーリズムと呼ぶべきなのだろうか。

関ヶ原の古戦場跡、京都の本能寺、岩手県の衣川《ころもがわ》などもダークツーリズムの対象なのか。あるいは、山口県の壇ノ浦では一一八五年に源平の最終決戦が行われ、七〇〇年後には馬関戦争も起きたが、同地を訪れることはダークツーリズムなのだろうか。

大量死、悲劇の死、無念の死はダークツーリズムの必要条件ではあるが十分条件ではない。死者の数や死に方といった出来事の内容だけからダークツーリズムを定義するのは難しい。重要なのは、その場所を訪れる人にとって、かつて起きた出来事がどのような意味を持ち、いかなる臨場感をともなって迫ってくるかではないだろうか。

広島を例に考えてみよう。原爆ドームは、人類最初の核兵器使用の痕跡を留めた場所である。世代によって、生まれ育った地域によって差があるかもしれないが、日本人にとっては原爆ドームをダークツーリズムの対象に数えることに特段の違和感はないはずだ。しかし、日本人以外にとってはそうではない。特に原爆投下した米国人においては話が異なってくる。

原爆ドームは、一九九六年に世界文化遺産に登録されたが、その際、米国は登録に反対した。米国の主張は、原爆使用は当時の歴史的文脈の中で理解されなければならず、そもそも原爆ドームを登録しようとすること自体が不適切であるというものだった。米国の見解では、原爆使用によって本土決戦が回避され、多くの米国軍人の命が守られたというのである。

†主観が作るダークツーリズム

ここで注目したいのは、原爆ドームという一つの場所をめぐって、複数の解釈が成立してしまう事実である。多くの日本人にとっては、原爆ドームは戦争と核兵器の悲惨さを留めた場所として記憶されるべきだと感じられる。だが、戦勝国である米国の論理では、そうした感慨は正当な歴史認識の欠落がもたらすものだというのである。

別の例として、二〇一五年、「明治日本の産業革命遺産」として世界文化遺産に登録された長崎県の軍艦島（端島《はしま》）がある。明治から一九七〇年代まで、海底炭鉱として栄えた島だ。日本側の理解は、軍艦島は重工業の発展を支えた産業遺産であり、近代化のシンボルだというものだ。だが、韓国政府は同島で強制労働があったとし、登録阻止に動いたのである。

この騒動を文化遺産の政治利用としてのみ理解するのは不十分だ。自然遺産の場合、動植物の固有種の数や割合など、それなりに客観的な基準が設定できる。他方、原爆ドームや軍艦島に限らず、ほとんどの文化遺産は解釈に開かれている。場所や物にどのような物語を読み込むかで、価値や評価が一変するのである。

ある人々にとって普遍的価値がある場所も、異なる歴史観を持つ人々にとっては無意味に感じられることがある。場所の意味は、そこを訪れる人が持つ世界観・価値観・倫理観といった主観的要素に依存する。どこがダークツーリズムの対象かは客観的に定義できない。残された物と訪問者の主観が合わさることで、その場所は初めて意味を持つのである。

したがって、ダークツーリズムの下位類型である慰霊や追悼の聖地は、他の場所以上に流動的である。いったい誰が誰の死を思い出し、そして悼むのか。慰霊や追悼の聖地においては、主観が果たす役割は大きくなる。震災・政変・戦争などの結果、江戸東京は数々の悲劇の舞台となり、無数の物語が蓄積してきた。寺社はそうした記憶の保管庫として機能してきたのである。

2　異形の死を弔う

†両国回向院――大量死が生んだ聖地

両国回向院《えこういん》（墨田区両国二丁目）の開創のきっかけは明暦の大火（一六五七）である。この火事で江戸市中の半分以上が焼け、一〇万人を超える死者が出た。死者の中には身元不明の者、身寄りのない者が数多く含まれていた。

将軍・家綱がこうした無縁の人々を弔うために万人塚を築くよう命じたのが回向院の始まり

である。正式名称は諸宗山無縁寺回向院だ。宗派とは関わりなく、社会の中に安定的な居場所と死に場所を確保できなかった人々の霊を鎮めるための寺である。大火の後、諸宗派の僧を集め、一七日間かけて千部の経をあげる大法会《だいほうえ》が行われたという。

回向院が両国に位置することは宗教地理的に重要だ。隅田川は江戸の東を区切る。両国は、その名の通り、武蔵国と下総国の国境だ。社会秩序という点から見れば、中心の江戸城に近づくほど確固としたものになり、周縁に行くほど緩くなる。両国は秩序からもっとも遠い異界への入口だったのである（吉見俊哉『都市のドラマトゥルギー』）。

江戸の周縁という両国の場所性があったからこそ、あらゆる人を弔うための聖地が生み出された。周縁には異形の人々が集まる。両国界隈は、江戸において浅草と並ぶ最大の繁華街であった。軽業・占い・物まねといった見世物、そして多種多様な物売りが立ち並んだ。

今でも回向院の敷地に入ってゆくと、最初に目につくのは七メートルはある力塚だ。一七六八年以降、回向院で勧進相撲《かんじんずもう》が行われたことにちなむ。勧進相撲とは、公共事業などを行う際、寄付金集めのために行われた相撲興行だ。一八三三年からは回向院が春秋二回の定場所となった。両国の周縁性があったからこそ、力士という異形の者たちの場所になった。力塚は歴代年寄や物故力士の慰霊のために、一九三六年に建立された。文字は一六代様と呼ばれ、大の相撲好きとして知られた徳川家達《いえさと》（一八六三〜一九四〇）によるものだ。

回向院開帳参り（『江戸名所図会』６、ちくま学芸文庫）

異形性の包容こそが両国という周縁の街の特徴だ。そして吉見が指摘する通り、それを根本で支えるのが回向院の無縁の一括供養というコンセプトである。現在でも回向院へ行くと、種々の供養碑が一斉に目に飛び込んでくる。火事や地震による事故死者、罪人などに加え、馬・猫・犬・オットセイといった動物供養の碑が立ち並んでいる。

回向院には、江戸三十三観音にも数えられる馬頭観世音菩薩像が祀られている。きっかけは、家綱の愛馬が死に、同寺に葬られたことだ。家族とは言えないが、家畜でもない。現代のペット供養の先駆けとなるような事例だ。他にも、「猫の恩返し」に基づく猫塚や、義太夫協会が設立した犬猫供養塔もある。後者は、太鼓や三味線を作るために犠牲になった犬猫を弔うためのものだ。

海難死者のための碑が多いのも特徴だ。陸とは違い、海上では遺体回収もままならない。有縁の人であっても、無縁者と同じく、その亡骸《なきがら》は波の間に消えてしまう。「溺死四十七人墓」は、箱館戦争の援軍として熊本を出発したお雇い蒸気船が千葉県勝浦市沖で沈没し、二六〇名以上が亡くなった事故に関わるものである。

六基ある海難供養碑の半数は伊勢白子（現・鈴鹿市）と関係するものだ。かつて白子は良質の伊勢木綿を輸送する拠点だった。ロシアに流された大黒屋《だいこくや》光太夫《こうだゆう》（一七五一〜一八二八）も白子を拠点としていた。帆船の形をした「勢州白子三州高濱船溺死一切精霊」の碑は、帆の前面に死者七名の名が並び、背面には光太夫の名も刻まれている。

ペット供養のための卒塔婆

†水子供養の政治的発祥

無縁者には子孫を残さずに亡くなった者も含まれる。典型的なのは幼くして死んだ者だ。子供の死者は、村の境などにある道祖神や地蔵に託されて再生が祈られた。江戸では両国がそのための場所に選ばれた。一七九三年、老中・松平定信が回向院に水子塚《みずこづか》を築かせた。これが水子供養の発祥とされている。

現代では、水子というと流産や人工妊娠中絶によって亡くなった胎児のイメージが強い。だが江戸期には、飢饉の時などの間引きによるものが多かった。突発的な事故ではなく、共同体維持のための産児調整として子供の死が発生していたのだ。そのため、当時の民衆に自発的に水子を供養しようという意識があったわけではない（森栗茂一「水子供養の発生と現状」）。定信による塚の造立は、幕閣責任者として、政治の犠牲者である水子に回向院という政治的な寺をあてがったものと理解できる。

定信の政策を詳しく検討した大森志郎は、定信の自叙伝『宇《う》下人言《げのひとごと》』に、「のち〳〵おもひあたりてよろこび侍らんは、予がはからひしうちにも、深川本所の水塚、この社倉の米穀、町々の火除地なんどは、時々思ひあたることあるべし」という記述があることに注目する（「間引・縁女・水子塚」）。定信は仏教に深く帰依《きえ》していたわけではなく、むしろ「素朴な古代人的」な宗教感情くらいしか持っていなかった。それにもかかわらず、水子塚については「予がはからひし」とわざわざ書き、「おもひあたりてよろこび侍《はべ》らん」と後世に期待していることから見て、深い思い入れがあったのではないかと推測している。

回向院では、その後の安政大地震の二万五〇〇〇人以上の死者、その他の天変地異による死者たちも供養された。そして、回向院の仏像をことごとく焼いた関東大震災の一〇万人以上の分骨も納められた。

昨年の変災の折、あれだけの生霊を黒焦にした被服廠《ひふくしょう》——。

その傍を流れて、あれ程の死骸を漂わした隅田川――。

その岸に立つ回向院――。

それ等はかほどまでに「江戸」を呪った……そうしてこの後も呪っている、或る冷たいたましいのあらわれに他ならないのである。

……墨堤の桜……ボート競漕……川開きの花火……両国の角力や菊……扨《さて》は又、歌沢の心意気や浮世絵に残る網舟……遊山船、待乳山の雪見船、吉原通いの猪牙《ちょき》船……群れ飛ぶ都鳥……。

両国橋の上に立って、そうした行楽気分を思い得る人は幸福である。（夢野久作「街頭から見た新東京の裏面」）


回向院は、首都であるからこそ生じた大量死を引き受けてきた。隅田川の花火大会も、一七三二年の大飢饉と疫病による死者を弔うために行われた川施餓鬼《かわせがき》に由来する。その後も、回向院が直接関わらないものも含め、溺死者・火災犠牲者・戦死者のための多くの施餓鬼が両国で行われた。夢野の一文は、両国が持つ周縁性を敏感に察知したものと言える。

†小塚原回向院

江戸東端で無縁者を弔う両国回向院に対し、北端には刑場である小塚原《こづかっぱら》の御仕置場があった。当初、刑場は日本橋本町にあったが、浅草鳥越などを経て現在の南千住駅周辺に移された。

江戸期、刑罰の中心は身体刑であった。ミシェル・フーコー(一九二六〜八四)が『監獄の誕生』で論じたように、王政下での犯罪は、究極的には王の権威に歯向かうものと位置づけられた。したがって、刑罰は傷つけられた王権の名誉を回復し、それを周知するものでなければならない。そのためには、刑罰はできる限り時間をかけた残忍なものでなければならず、見世物として執り行われる必要があったのだ。

小塚原刑場も、刑罰の見世物性を十分に意識して、江戸の出入り口の街道沿いに設けられた。刑死者の遺体は浅い穴に放り込まれ、軽く土をかけただけで放置された。雨風があれば露出し、野犬やイタチが徘徊した。明治になって廃止されるまで、約二四万人がここで亡くなった。こうした刑死者の霊を弔うための寺が小塚原回向院(荒川区南千住五丁目)だ。隣接する刑場跡地には、回向院から一九七二年に独立した延命寺がある。

罪人の斬首を担ったのは山田浅右衛門《あさえもん》である。山田家は、御様御用《おためしごよう》という刀剣鑑定や試し斬りを担当する家で、歴代当主が浅右衛門を名乗った。刑死者の遺体は浅右衛門がとり扱うことができ、それは山田家の利権であった。遺体を使って依頼された刀の試し切りを行い、肝臓や胆嚢をとり出しては人肝丸といった薬を作って販売し、莫大な副収入を得ていたのだ。山田家の暮らしぶりは小大名に匹敵したと言われる。

さて、小塚原の受刑者の性質を変えたのが津軽藩主狙撃未遂事件（一八二一）である。いわゆる相馬大作事件だ。事件の背後には、津軽氏（弘前《ひろさき》藩）と南部《なんぶ》氏（盛岡藩）の長年にわたる確執があった。事件前年、盛岡藩主の南部利敬が三〇代で早世する。養子の利用《としもち》が後を継いで藩主となったが、まだ一四歳であったため、無位無官であった。そして同じ時期、弘前藩主の津軽寧親《やすちか》が従四位下に叙任された。

盛岡藩では、歴史的経緯から弘前藩を格下の家臣筋と見なしていた。そのため、津軽藩主の方が高位を得たことに我慢がならなかった。特に不満に感じたのが、江戸で兵法修業をした後、郷里で武術指導を行っていた下斗《しもと》米《まい》秀之《ひでの》進《しん》であった。秀之進は寧親に果たし状を送りつけ、辞官隠居しない場合は暗殺すると脅迫した。そして翌年、参勤交代で江戸から弘前に戻る途中の寧親を狙撃しようとする。だが、計画が漏れて失敗し、相馬大作という偽名を使って江戸に逃げたが、捕らえられて小塚原で獄門となる。

相馬大作事件は、盛岡藩と津軽藩の因縁が絡んでおり、その機微は分かりにくい。だが、秀之進の振る舞いは赤穂《あこう》浪士（第六章参照）の再来として庶民の心をつかみ、維新以後も歌舞伎・

首切及死体取片付（『江戸東京実見画録』岩波文庫）

小説・映画などで繰り返し語られた。

この事件以後、国家の政治的秩序を脅かす国事犯が小塚原に葬られるようになった。相馬大作事件からおよそ三五年後、安政の大獄が始まる。尊王攘夷を唱えた吉田松陰、橋本左内、頼《らい》三樹《みき》三郎《さぶろう》らが小伝馬町の牢で斬刑となり、小塚原に埋められた。ちなみに、松陰は暗殺未遂の事件現場を訪れて、秀之進を称える歌を残している。

刑死者供養の人道性

明治以後、小塚原は維新の先導者たちが眠る場所として記憶されることになる。左内を始めとして、維新回天に散った烈士の供養が何度も行われた。また、盗みや放火などを犯した刑死者たちの供養もたびたび行われた。

犯罪者の慰霊は外国人の目には興味深く映った。一八八八年の刑死者供養には、G・E・ボアソナード（一八二五〜一九一〇）が列席し演説をしている。ボアソナードはフランスの法学者で、司法省のお雇い外国人である。ボアソナードは、刑死者供養は西洋から見ても手本になると語った。西欧でも、革命以前に反逆者として死んだ者の名誉回復の儀式が行われることはある。だが、小塚原の供養は、刑死者をすべて「不幸なる者である故に回顧して供養」するものだ。法律でも親類などが刑死者のために華美な儀式を行うことは禁じられているが、この厳粛な供養は素晴らしいと称賛したのである（朝日新聞一八八八年五月二二日）。刑死者供養の背景にあったのは怨霊に対する怯《おび》えだろう。恨みを残して亡くなった人々の霊を慰めようという前近代的な感情と言って良い。その点を日本近代法の父とされるボアソナードが好意的に誤解した点は面白い。

そして小塚原刑場では、もう一つ、前近代と近代の画期となる出来事が起きた。一七七一年三月、杉田玄白や前野良沢の立ち合いの下で腑分《ふわ》け、つまり人体解剖が行われたのである。腑分け自体はそれ以前にも行われた。ただし、それらは科学的には誤った漢方の知識に基づいて実施された。実際の人体と知識が食い違うことがあると、人種によって人体構造が異なるといった推測をするレベルのものであった。

これに対して、小塚原の腑分けでは、杉田たちはドイツの解剖学書『ターヘル・アナトミ

女性で最後に斬首刑になったとされる高橋お伝の墓

ア』のオランダ語訳を持って臨み、その記述が正確なことを確認した。杉田らの腑分けは日本初でもないし、自ら行ったわけでもなく、詳しい記録や図が残されたわけでもない。だが、これをきっかけに、多くの医学に関わる翻訳語が作り出され、『解体新書』の出版によって蘭学そのものの価値が広まったのである（石出猛史「江戸の腑分けと小塚原の仕置場」）。

こうして小塚原刑場は、見世物としての仕置場から、西洋医学揺籃《ようらん》の地となった。一九二二年には、杉田たちを顕彰する観臓記念碑が造立された。戦災で破損したが、今でも入口の壁に『解体新書』の扉絵をかたどった青銅板が掲げられている。

3　戦争が生んだ聖人たち

†彰義隊の墓と円通寺

前章でとり上げた寛永寺の旧境内、上野公園の西郷隆盛像の背後にあるのが彰義隊の墓である。西郷像の裏という立地は偶然ではないだろう。

彰義隊《しょうぎたい》が結成されたのは、徳川慶喜が寛永寺に蟄居《ちっきょ》した後のことだ。敗色濃厚というよりも、すでに幕府側の負けは決した。それでも、「薩賊」に一矢報いようと、渋沢成一郎を頭取、天野八郎を副頭取に、幕臣・俠客・町人たちが集まった。後には、諸藩の兵も加わり、数千人にまで膨らんだとされる。

勝海舟など旧幕指導者は、市中取締などの役目を与えて彰義隊をなだめ、武装解除するように勧告したが、従わなかった。結局、一八六八年五月一五日、徳川聖地・寛永寺に立てこもる彰義隊と、大村益次郎が率いる新政府軍が衝突する。この日を西暦に直すと七月四日であることに気づいたのが、湯島を終の棲家に選んだ日本研究者E・G・サイデンステッカーだ。上野戦争と同日、南北戦争やリンカーン暗殺から三年ほどしか経っていない米国では、花火とロデオで独立記念日が盛大に祝われていたであろうことを感慨深い一致だとしている。

上野戦争当日の様子を高村光雲が書き残している（『幕末維新回顧談』）。当時一七歳の光雲は、駒形にある師匠・東雲のところで修業の身であった。戦争前日、出入りの塗師から間もなく上野で戦争が始まるという噂を聞きつける。翌日の夜明け、光雲は師匠の命で、上野山下で暮らす師匠の弟弟子・杉山半次郎に戦争の噂を告げに出かける。

場所は「上野の山下の雁鍋《がんなべ》の真後ろの処」だ。雁鍋は幕末から流行した料理屋で、現在の松坂屋とヨドバシカメラの中間あたりにあった。したがって、半次郎の暮らす裏家はアメ横あたりにあったことになる。彰義隊・新政府軍は三枚橋を挟んで対峙したのであるから、まさに戦場のど真ん中であった。

雨が続き、川のようになった道を光雲は半次郎の家へと向かう。途中で抜き身の槍を持った武士に呼び止められた。御徒町方面から半次郎の家に近づくと、耳元で「シュッシュッと異様な音」がしたが、後にそれが飛び交う弾丸の音だと気づいた。あわてて半次郎の家に駆けこむと、戦争のことを知らず、夫婦でのんびりと朝食を食べているところであった。

半次郎夫婦を連れてなんとか駒形の東雲の家に帰り着くと、上野方面から「ドドン、ドドン、パチパチパチ」という不思議な音が響いた。新政府軍が雁鍋や松坂屋の上に、小銃や最新のアームストロング砲を上げ、彰義隊が旧式のフランス製の大砲を並べた根本中堂めがけて撃ち込んだのだ。圧倒的な火力差で戦争は昼過ぎには終わった。上野山下は「三枚橋の辺から黒門あたりに死屍が累々」であった。根本中堂のあたりは、見物に訪れた人々であふれていた。そして、混乱はさらに増す。

するとたちまち人心は恐ろしいもので慾張り出したのであります。それは官軍が彰義隊から分捕った糧米を、その見物の連中に分配しますと、我も我もと押し迫り、そのゴタゴタ中に一俵二俵と担いで行く……大勢のことで、誰がどうしたのか、五十俵百俵はたちまち消えてなくなる。群集の者は、もう半分分捕りでもする気になり、勝手に振る舞い、果ては上野の山の中へ押し込んで行き、もう取るものがないと見ると、お寺の中へ籠《こ》み入って、寺中の坊さんたちの袈裟衣や、本堂の仏像、舎利塔などを担ぎ出して、我がちに得物とする。たちまち境内のお寺は残らず空ッぽとなり、金属《かねけ》のものは勾欄《こうらん》の金具や、擬宝珠の頭などを奪って行くという騒ぎで、実に散々な体たらく……暫くこの騒ぎのまま、日は暮れ、夜に入り、市民は等しく不安な思いで警戒したことであった。(前掲書)

その後、しばらくは彰義隊の残党狩りが行われ、市中は戒厳令下のようになった。彰義隊士の遺体は賊軍であるため埋葬も許されず、見せしめとして放置された。

こうした状態を見かね、斬首覚悟で供養を行ったのが三ノ輪の円通寺(荒川区南千住一丁目)の仏磨《ぶつま》和尚である。円通寺は、江戸期には、広徳寺、入谷鬼子母神《いりやきしぼじん》の真源寺と共に「下谷の三寺」と呼ばれた名刹である。仏磨は新政府軍に拘束されたが、埋葬許可をとりつけ、寛永寺の

彰義隊の墓

御用商人・三河屋幸三郎、俠客・新門《しんもん》辰五郎の協力を得て、二六六人の隊士の遺体を荼毘《だび》に付した。そして、この時に火葬が行われた場所に彰義隊の墓はある。

しかし、墓はすぐに造られたわけではない。賊軍の戦死者を表立って追悼することはできなかった。現在、大墓石の手前に小墓石が置かれている。小墓石の方は、上野戦争後、彰義隊が本陣を置いた寛永寺子院の寒松院の僧侶らが密かに「彰義隊戦死之墓」と刻んで埋めたのが、後に掘り出された。大墓石は、一八八一年、元隊士の小川興郷《おきさと》らが造立した。文字は山岡鉄舟によるものだが、「彰義隊」の文字はなく、「戦死之墓」とだけ刻まれている。

仏磨らが焼いた遺骨は、一度は三河屋が向

島に持っていた敷地に埋葬されたが、間もなく官許《かんきょ》を得て円通寺に移された。一九〇七年には、上野戦争で銃弾を撃ち込まれた黒門も同寺境内に移設された。こうして円通寺は賊軍を弔うことのできる唯一の寺となり、彰義隊だけでなく、旧幕の死者たちを慰霊する場になったのである。

円通寺境内の墓碑群

現在、円通寺の敷地に入ると、無数の石碑の乱立に圧倒される。会津や箱館で戦った人々の慰霊碑もある。大鳥圭介、榎本武揚などの揮毫の他、土方歳三や隻腕の剣客として知られる伊庭《いば》八郎《はちろう》の名が刻まれた碑もある。円通寺本堂が焼失した時も、旧幕臣からなる旧交会、箱館で戦った人々からなる碧血会を中心に再建が進められた。

小芝長之助（一八二九〜一九一六）の墓もある。小芝は、元々は将軍家御庭番で、戊辰戦争以降は箱館まで榎本たちに従った。小芝の名は、一本木関門で死んだ土方の遺体を引きとりに行った人物として記憶されている。赦免後、小芝は円通寺の墓守を務めた。

上野山内の彰義隊の墓は、大墓石を造立した元隊士の小川家が墓の隣で暮らして管理を行った。一八九〇年代以降は、上野山内でも慰霊祭が行われたが、それを毎年主催したのも小川家である。

しかし、上野戦争からおよそ一〇〇年後、墓の土地をめぐって東京都と裁判が起きる。小川家の主張は、墓を造立する際に土地は払い下げられており、周囲が上野恩賜《おんし》公園として都に下賜《か し》された時にも、その対象にはなっていないというものだ。結局、土地は都が所有するという判決が出され、彰義隊の二度目の敗戦として報じられた。

上野周辺には、他にも彰義隊士と関わる場所が伝えられている。現在、NTT東日本の上野ビルがあるあたりに、彰義隊に参加した藤田重之丞の屋敷があった。重之丞は敗戦後、屋敷に戻って隠れていた。だが二日後の一七日、密告があって見つかり、屋敷ごと火をかけられて家族や愛馬と共に亡くなった。

その後、一九二六年、同地には関東大震災で焼けた下谷電信局が再建されたが、工事では事故があいつぎ、怪我人や死者が何名も出た。事故は一七日に限って起きたという。不審火が続き、重之丞の怨霊ではないかと噂され、寛永寺で供養が行われた。

電信局の完成後も、宿直が血を流す武士の幽霊を見たり、窓や扉が勝手に開いたりした。そこで電信局の職員たちで墓石と仏壇をあつらえ、数十年にわたって供養を続けた。この墓は、建て替えられたビル内に今でもあるが、一般公開はされていない。毎年命日に行われていた慰霊祭も、遺族の意思で行われなくなっている。

政治的・軍事的に見た場合、彰義隊は際立った働きをしたわけではない。負けが決定的になった後、無意味な血を流した。寛永寺も彰義隊には好意的でなかったという話もある。彰義隊が立てこもったせいで寛永寺は焼けたとも言える。そのため、彰義隊の供養には寛永寺からは人は来ず、円通寺が仕切っているというのだ。隊は数千人に膨らんだというが、見方を変えれば、いわゆる旗本八万騎のほとんどは参加しなかったのである。

しかし、だからこそ、彰義隊は江戸東京の人々の心をつかんだ。神田明神の祭日が上野戦争と同じ五月一五日に変更された時には、江戸にとっての大凶日ということで反対意見も出た。上野の山と円通寺は、敗北が明らかでも、薩長の田舎侍に最後まで抵抗するという無為な過激さを江戸の誇りとして記念する場になったのである。

†乃木神社――規範化された自死

陸の乃木希典《のぎまれすけ》(一八四九〜一九一二)と海の東郷平八郎。日本帝国軍の英雄という性格上、広瀬中佐(第三章参照)と同じく、二人は戦前戦中の強い崇敬と戦後の不遇という大きな変化を経た。だが、万世橋に設置された広瀬像は撤去されたが、乃木と東郷を祀る神社は存続している。

乃木と東郷は広瀬よりも一世代上で、日露戦争時ははるかに高い地位にあった。そのため、二人の死は、できて間もない近代日本の規範形成のために広瀬以上に利用された。二人の生き方と死に方は国民の模範とされたのである。

乃木について多くの評伝や論評があるが、軍人としての最初のつまずきを西南戦争（一八七七）とする点では一致している。連隊を率いた乃木は、熊本県植木町に赴く。だが西郷軍に急襲され、旗役が戦死し、連隊旗を奪われてしまった。翌年、連隊旗は再授与されたものの、連隊旗紛失は乃木にとって痛恨の記憶となる。

その後、ドイツ留学を経て、乃木は順調に軍歴を積み重ねた。日清戦争では旅団長となり、日露戦争では旅順要塞攻囲戦の司令官を務めた。だが、旅順攻撃は大きな犠牲をともない、とりわけ二〇三高地の争奪戦は多くの戦死者を出した。日露戦争後、靖国に合祀された中でもっとも多かったのは乃木指揮下の兵士であったという。乃木自身、勝典・保典の二人の息子を亡くし、乃木家の血脈も絶えた。

死者数だけをもって、乃木の指揮官としての能力の是非は問えない。旅順要塞はコンクリートで固められ、江戸期には考えられないような火力で防備されていた。ヨーロッパは、この後間もなく第一次世界大戦で未曾有の死者数を出すことになるが、日本は、不幸にも少し早めに近代戦の被害を経験したと言えるかもしれない。しかし、戦術的な問題であったか否かにかかわらず、旅順の大量死が乃木に途方もない精神的重圧を与えたことは間違いない。

そして、乃木は自らの最期として殉死を選択する。一九一二年九月一三日、明治天皇の大葬の日だ。道連れとなった妻・静子に止めを刺してから十字に切腹して果てた。当時は、乃木の自決を時代錯誤とする意見が多々あった。そもそも生前の乃木は日露戦争の加害者ととらえられていた。後に乃木神話として語られる数々のエピソードは、乃木の奇矯さを示すものだった。乃木式という言葉も、粗野・粗略・粗暴といった否定的な意味で用いられていた。

殉死のすぐ後、大隈重信が一見は乃木の人格や思想を褒めながらも、本質的には批判する談話を出している。乃木は旅順攻撃で多くの兵士を殺し、二人の息子を失った。そのため、乃木には「家庭の楽しみといふものもなく、又何等世の中に求むる処《ところ》あるでもなく、寂しい内に、世の中の有様には満足せぬ」ままであったというのだ（読売新聞一九一二年九月一五日）。

教育界では、乃木の死を子供たちにどのように説明するのかが問題になった。当時、殉死はすでに禁止されており、自死を美挙として肯定するわけにはいかなかったのだ。しかし、時が経つにつれて、古武士的性格であると共に欧州留学も果たしていた乃木は、伝統と近代を同居させた理想の日本人として語られるようになった（久木幸男「乃木自殺と教育界」）。その死は、天皇に殉じた「赤誠《せきせい》の披瀝《ひれき》」として意味づけられ、粗野・粗略な乃木イメージは、清廉潔白と厳格勇猛のあらわれとして再解釈されるようになったのである。

こうした過程で生じたのが京都帝国大学の谷本富《たにもととめり》（一八六七〜一九四六）の辞職事件だ。谷本は大阪朝日新聞に、乃木の自死はいかにも芝居がかっており、好感が持てないという談話を発表した。谷本の家には投石が行われ、大学総長から辞めるように強いられ、結局辞職したのである。後の大学自治をめぐる沢柳事件の発端となった出来事だ。実際には、乃木批判は口実にすぎず、谷本と他の教官との対立といった事情もあったようだが、乃木のイメージが負から正へと劇的に転換したことを示唆する事件である。

旅順に散った兵士たちは、国家という抽象的な存在のために死んだ。近代最初期の明治日本では、多様な来歴を持つ個々人は国民という同一のステータスを与えられ、それと引き換えに天皇を中心とする国家体制の支配下に置かれた。しかし、江戸期までの藩や家と比べると、近代国家の裾野は広く、はるかに手ざわりがない。

乃木の自死は、近代国家としての日本が厳然と存在することを示し、身体的・精神的に国家といかに向き合うべきかの手本として用いられた。東京帝国大学で宗教学・神道学を講じた加藤玄智（一八七三〜一九六五）は、乃木の死をブッダの涅槃《ねはん》やイエスの十字架上の死に重ね合わせた。乃木の自死は究極の利他的行為と自己犠牲であり、国民全体の精神を革新するものだとしたのだ（住家正芳「ナショナリズムはなぜ宗教を必要とするのか」）。

青山墓地での葬式には一〇万人以上が詰めかけた。小中高の学生は学校単位で墓地を訪れた。そして乃木の死から二年後、自死の現場となった邸宅（港区赤坂八丁目）が公開される。公開初日は朝から青山一丁目の停留所が混雑し、乃木邸入口では絵葉書や乃木ずしが販売された。
邸内の神社建設は、東京市長が呼びかけて中央乃木会が作られることで始まった。寄付が募られたが、殉死から時間が経っており、ようやく一九二三年に鎮座祭が行われた。だが翌年、意外なことに、乃木神社は独特の結婚式で話題になっている。乃木の質素倹約な生活にならって費用の安い結婚式プランを提供し、それが流行したのである。

絵葉書「青山墓地乃木大将夫妻之墓」

殉死から時間が経ってしまい都心の安価な結婚式場となった乃木神社が、再び国民の聖地になるのは第二次大戦時であった。戦争の時代になり、再度、日露の英雄の記憶が召喚された。一九四一年九月一四日、例大祭に合わせて当時の皇太子（今上天皇）も参拝した。翌年には、乃木神社近くの檜町国民学校が乃木国民学校（現・港区立赤坂小学校）と改称された。同校では、殉死三〇周年に合わせて乃木の資料を集めた「乃木室」の設置を準備していたが、戦時下のため、部屋を作るための釘が足りなかった。だが、教員が呼びかけたわけでもないのに、小学生たちが各自で釘を持ち寄って部屋を完成させたことが美談として報じられている。
一九四五年五月、乃木神社は空襲で焼失する。再建は一九六二年になってからだ。ちなみに、焼失前の社殿を設計したのは、神田明神や明治神宮宝物殿も担当した大江新太郎（一八七九～一九三五）であるが、再建時は、長男の大江宏（一九一三～一九八九）が設計を担当した。さらに、一九八三年に宝物殿が造られたが、その設計は宏の息子の新と昭によるものであった。

絵葉書「乃木大将邸」

戦後、一九五七年九月一二日にも乃木邸が一般公開された。同年に製作された映画『明治天皇と日露大戦争』の空前のヒットをうけてのものだった。同作は、嵐寛寿郎が役者として天皇を初めて演じた作品としても知られている。戦前とは乃木の位置づけが大きく変化してしまい、近代日本の聖人を祀った地はフィルム・ツーリズムの対象としてしか意味を持たなくなった。実際、見物客には明治人はほとんどおらず、映画を見た子供たちが多かったという。

†東郷神社——護国から強運へ

東郷平八郎（一八四七〜一九三四）は、日露戦争で連合艦隊司令長官として海軍の総指揮を執った。日本海海戦で、東郷がZ旗を旗艦三笠に掲げたことは知られているだろう。

黒・黄・青・赤からなるZ旗は、アルファベット、数字などが割り振られた国際信号旗の一種で、Zを意味する。日露戦争時の日本海軍では、Zであるがゆえに「後がない」という意味で用いられ、信号簿では「皇国の興廃この一戦に在り、各員一層奮励努力せよ」という文言が割り当てられていた。

東郷は日清・日露戦勝の立役者として生前から神格化された。八六歳で病死し、国葬が行われたが、海外の海軍軍人からの尊敬も篤く、英米仏伊中などの各国代表が参列した。死後間もなく、海軍大臣が識者に諮《はか》って財団法人東郷元帥記念会を設立し、全国民に呼びかけた寄付で、現在の渋谷区神宮前一丁目に神社が創建されることになる。

神社創建にあたっては、海軍とゆかりの深い呉市、横須賀市などが立候補し、誘致合戦を繰り広げた。広瀬の場合と同様、東京に造ることが重視され、明治神宮前の地が選定された。そして第二次大戦時、かつての英雄として再び担ぎ出され、マニラ占領奉告、黄海海戦記念祭などが行われた。また乃木と同じく、東郷も国民教育の模範とされ、海洋少年団や学徒海洋班な

絵葉書「東郷神社」

どがたびたび参拝した。

東郷神社も、乃木神社と同年の空襲で焼失した。再建は一九六四年だ。だが、資金難が続き、原宿族の溜まり場になっていたという。そして、東郷神社も式典の場として再生する。一九七七年には「強運・東郷元帥をまつる東郷神社参拝つきパック」を東郷記念館が発売している。一人五〇〇〇円で参拝後に食事するというプランである。

戦後の米国による占領下、東郷神社は存続の危機にあった（中野毅「アメリカの対日宗教政策の形成」）。GHQは全国に一〇万ある神社を三つに区別した。①古くからある地域の守護神を祀った神社、②伊勢神宮のような天照大神を祀った神社、そして③靖国神社・乃木神社・東郷神社のような帝国日本の英雄を祀った神社である。

米国が問題視したのは②と③である。これらは国家主義的神社であり、枢軸国の侵略哲学を支える思想装置と見なされた。日本に再び軍国主義が台頭しないよう、米国はこれらの神社の廃止を検討したのだ。しかし、その時問題になったのが、神社が宗教であるかどうかである。

仮にこれらが宗教であり、それを強制的に廃止するとなると、米国は自らの信条である信教の自由を踏みにじることになる。①は宗教であることは自明であるが、③の判断は容易ではなかった。米国に好都合だったのは、日本がそもそも国家神道は宗教ではなく、「愛国主義の表現形態」だと繰り返し主張していたことだ。つまり、米国は信教の自由に反することなく、③の神社を廃絶することもできたのである。

しかし、実際には廃絶に追い込まれることはなかった。米国は、廃絶にともなう反発や抵抗の方を心配したのだ。その結果、当該神社での儀礼や祭祀、国から支給されていた給与の停止といった対処にとどまったのである。

ちなみに米国は、①の古神道の神社は存続、仏教寺院には措置は不要、キリスト教会は信仰の自由の下に解放という立場をとった。その意味で、乃木神社、東郷神社などの帝国日本の国家的模範として聖地になった神社が、戦前と戦後で最大の変化をこうむったわけである。

現在、東郷神社に対して「強運のパワースポット」といった語りがなされるのも、こうした来歴と無関係ではないだろう（第五章参照）。米国は、同社を国家的聖地から個人的崇敬だけが認められる場へと限定した。同社をめぐって、いかなる共同体も生まれないような措置がなされたのであり、個人的信仰の性格の強いパワースポットという語りと親和性が高まったのである。

4 一瞬の大量死

†東京都慰霊堂――誰が死者を思い出すのか

一九二三年九月一日一一時五八分三二秒、相模湾北西部を震源にマグニチュード七・九の巨大地震が発生した。大きな揺れは一〇分間続いた。津波が発生し、鎌倉方面では海水浴客など三〇〇人余りが行方不明になった。

およそ二四〇万人の人口を抱える東京市内では、一〇〇カ所以上で火の手が上がった。能登半島沖に停滞していた台風の影響で、関東でも強風が吹き荒れ、火は瞬く間に広がった。当日は土曜日で、官公庁は半日で仕事を切り上げており、被害が広がる一因となった。

東京の四〇パーセント以上が焼き尽くされた。市内六三万戸のうち、四〇万戸が全焼した。燃え続ける火のせいで、一日夜半から二日未明の間、東京市の気温は四六度を観測した。犠牲者のほとんどは火事によるものだ。

中でも被害が大きかったのが、隅田川沿いの被服廠跡《ひふくしょう》だ。被服廠は陸軍で支給する衣服の製造・調達・貯蔵などを担当した組織だ。震災当時、被服廠はすでに赤羽に移転しており、二万坪ほどの空き地に被災者が家財道具を持って集まった。夕方、彼らを襲ったのが火災旋風だ。都市部などで大規模火災が生じると、強烈な上昇気流をともなう炎の竜巻が発生することがある。この火災旋風が甚大な被害をもたらした。

僕の知人は震災のために、何人もこの界隈に斃《たお》れている。僕の妻の親戚などは男女九人の家族中、やっと命を全うしたのは二十前後の息子だけだった。それも火の粉を防ぐために戸板をかざして立っていたのを旋風のために巻き上げられ、安田家の庭の池の側へ落ちてどうかにか息を吹き返したのである。(芥川龍之介「本所両国」)

「安田家の庭」とは、今も東京都慰霊堂のそばにある旧安田庭園のことだ。この息子は二〇〇～三〇〇メートルも火災旋風で飛ばされたことになる。こうした不幸中の幸いはごく稀で、被服廠跡で三万八〇〇〇人が亡くなった。震災後まもなく、朝日新聞は被服廠周辺の惨状を次のように伝えている。

今度の大災禍で酸鼻の極みをつくしたのは何んといつても本所の被服廠跡に避難した三万五千人の焼死である、当局でも手の付けようなく六日に至るも未だそのままになつてをり異臭四辺に漲《みなぎ》り悲惨とか惨憺とか云ふやうな形容詞をもってはとても言ひ現すことができない、被服廠跡は約一万五、六千坪もあろうか、それが全部死体で覆ひつくされ殊《こと》に石原町停留所前にあたる箇所は十重二十重に折り重なつて焼死している、道路に沿うた小溝には死体をもって埋めつくされ焼け斃れて老若男女の区別すら付かず、よく見ると中には小児をしかと抱いたまま死んでいる女もある（朝日新聞大阪版一九二三年九月九日朝刊）

火災旋風は、死者が誰なのかを特定するのが不可能なほどの被害をもたらした。周辺を合わせると四万四〇〇〇人以上が焼死した。関東大震災における最大の人的被害であった。

残暑の厳しい季節でもあり、遺体はすぐに腐敗した。身元特定をまたずに、次々と遺体は火葬された。風が吹くたびに、骨粉が塵《ちり》のように舞い上がった。九月一八日には、当時の摂政宮（後の昭和天皇）が愛馬で被服廠跡を訪れ、馬上から弔った。この頃には、早くも「大正の回向院」を被服廠跡地に作る話が持ち上がった。

†慰霊のデザイン

震災によって、東京市は、死者・避難者などで七三万人以上も人口を減らした。特に被服廠のあった本所区では、六割以上も人口が減少した（北原糸子「関東大震災における避難者の動向」）。だが、被服廠跡地をどのような弔いの場にするのかは、すんなりとは決まらなかった。

震災から一年近く経った一九二四年八月、ようやく震災記念堂の建設地が、現在の墨田区横網二丁目に決まる。一〇〇万円の寄付を募り、記念堂のデザイン案を公募することになった。また八月一五日には、一周年として被服廠跡で大追悼会を行い、それを東京市の毎年の例祭とすることが決議された。例祭当日は、一一時五八分に、神社では太鼓、寺では鐘をつき、船や工場では汽笛を鳴らし、電車はその場に停止し、通行人は足を止めて黙禱《もくとう》することになった。

しかし、寄付の集まりは悪かった。一九二四年一一月の段階で集まったのは二万円にすぎなかった。苦肉の策で、東京一五区に寄付金の額を半ば強制的に割り当てた。区が町会に割り当て、さらに町会が各戸に割り当てることになったが、これでますます募金の評判は悪くなった。

震災記念堂のデザイン案の締切である一九二五年二月末日近くになっても応募者が少ないことが懸念されていたが、最終的には二二〇通の応募があった。佐藤功一や伊東忠太といった建築家、美術学校校長、東京市公園課長らが審査にあたり、前田健二郎の案が一等となった。前田案は、塔を中心とした西洋風のデザインであった。

しかし、寄付金不足は深刻なままだった。背景には、震災直後の東京市長・永田秀次郎（一八七六～一九四三）の辞職もあった。淡路島出身の永田は、高等文官試験合格後、三重県知事、貴族院議員などを務めた後、後藤新平の後継として東京市長となった。震災が起きたのは市長になってから三カ月しか経っていない時であった。

永田が市長になる際にも対立派閥との暗闘があったが、結局、復興事業が本格化する震災一年後に辞任してしまう。理由は、不正で更迭された電気局局長の後任に永田が推した人物が選ばれなかったことである。


言葉を換えて云えば東京の改造……否、寧《むし》ろ日本文化の中心改造という大仕事を眼の前に控えながら、高が一局長の椅子に市会が押し上げた人物が気に入らぬ位の事で、市長の椅子を蹴飛ばす程短気であろうとは、誰しも想像し得ないところであっただろう。

永田氏が去ると同時に、その部下の有力者数名もバタバタと辞表を出して椅子を離れたので、東京は首無し死体どころではない。首から上が抜けてしまって、一時ヨイヨイのようになってしまった。（夢野久作『街頭から見た新東京の裏面』）

すったもんだの挙句、中村是公《よしこと》が後継となるまで、一カ月間、東京市長は不在となった。こうした事情もあり、記念堂建設の資金調達のために仏教各派の組織力があてにされた。各派が全国の末寺に働きかけ、三分の一にあたる三〇万円を集金することになったのである。

ただ、その際に問題になったのが記念堂のデザインだ。前田案は塔を中心とする洋風のデザインだったが、この点に仏教側は不満を持った。仏教各派としては、震災記念堂を教化のための霊場とすることを目論んでおり、そのためには和風建築でなければならなかったのだ。

結局、審査員の一人であった伊東が設計担当となり、鉄筋コンクリート造り、銅葺《ぶ》き屋根の奈良時代風の建物となった。一九二七年一一月に起工式が行われ、震災から七年後の一九三〇年九月に完成した。背後には納骨堂として三重塔が造られた。震災一〇周年にあたる一九三三年九月一日から二日にかけては四五万人の参拝者があり、隅田川を渡るために臨時の供養船が発着するほどであった。

震災記念堂が落成した一九三〇年、再び永田が東京市長となっていた。この年、永田が私費を投じた関東大震災霊牌堂が高野山で完成している。永田の計画は、霊牌堂の中に震災の死者一〇万五〇〇〇人の半数以上にあたる五万四七〇〇人分の名簿を奉納し、一万年間保存するというものだった。二〇一三年の調査によれば、名簿には永田の出身地の淡路産タイルが用いられ、両面に青字で一五〇人の死者の名前が刻まれたタイルが四〇〇枚も保存されていた。

東京都慰霊堂（旧震災記念堂）

†東京大空襲

関東大震災からわずか二〇年後、再び東京を大災禍が襲う。

一九四五年三月一〇日の東京大空襲だ。この日の空襲は、米軍側ではミーティングハウス二号作戦と呼称された。木造家屋の密集地帯に三八万発以上の焼夷弾が投下された。大虐殺としか言いようがない。

人口密集地帯である現在の中央区・台東区・墨田区・江東区が重点的に狙われた。戦争末期、空襲が激しさを増すと、震災の教訓を防空に生かすといった説諭も行われたが、不幸にもそれが的中する。非戦闘員に対する無差別爆撃は、人類史上でも最大規模の死者を出した。数時間のうちに一〇万人以上が焼死したと推定されている。

犠牲者が多かった場所の一つが隅田川にかかる言問橋《こととい》だ。言問橋は関東大震災の復興事業の一環で一九二八年に完成した。長さ約二三八メートル、幅二二メートルの橋である。西岸の西浅草・入谷《いりや》方面と東岸の向島方面をつなぎ、今では、東京スカイツリー（第七章参照）の絶好の撮影スポットでもある。

炎から逃げ惑う人々が西岸と東岸の双方から言問橋に押し寄せ、橋の上で将棋倒しが起こり、数千人が動けなくなった。焼夷弾と火災旋風が襲いかかり、数千人が炭化した黒焦げの遺体となった。言問橋はその後改修されているが、親柱の一部には焼夷弾で焦げた跡や焼死者の脂の痕跡が残っているという。橋のたもとの隅田公園内にも、言問橋から切り出された黒焦げの縁石が置かれている。

東京都慰霊堂の内部

大空襲の直後、夥しい遺体は公園・空き地・寺社境内など数十カ所に仮埋葬された。当時、東京の火葬能力は一日に数百人程度であった。棺は一万体分しかなかなく、とりあえず埋めてしまうしかなかったのである。

十月二十一日
戦災無縁墓の現状が毎日新聞にのっている。雨に汚ごれた白木の短い墓標の林立。「無名親子の墓」「娘十四、五歳、新しき浴衣を着す」「深川区毛利町方面殉死者」などと記されている。
仮埋葬は都内六十七ヵ所。既設は谷中、青山のみ。あとは錦糸、猿江、隅田、上野等の大小公園や、寺院境内、空地などに二、三千ずつ合葬

言問橋の縁石

錦糸公園　一万二千九百三十五柱
深川猿江公園　一万二千七百九十柱
を筆頭に、合計七万八千八百五十七柱（姓名判明セルモノ、八千五十三柱）。（海野十三『海野十三敗戦日記』）

一九四八年以降、これら一〇万五〇〇〇〇人分の仮埋葬の遺体が三年かけて掘り返され、火葬

した後に震災記念堂に改葬された。しかし、名前が判明した遺体は二割にも届かず、一九六五年時点で引きとられた遺体は七〇〇〇程度にすぎなかった。

　こうして震災記念堂には、大震災の犠牲者五万八〇〇〇人と大空襲の犠牲者一〇万五〇〇〇人を合わせた一六万三〇〇〇人の遺骨が祀られることになった。戦災者の改葬事業が完了した一九五一年、震災記念堂から東京都慰霊堂に名称が変更された。大震災と大空襲の死者の合祀に異を唱える声もあった。天災と戦争では悲劇の質が異なる。戦争犠牲者の慰霊追悼は、東京都ではなく国がやるべきだという当然の意見もあった。しかし、用地確保の難しさなどから、震災記念堂が流用されることになった。

　大震災と大空襲のいずれも、名もなき死者を大量に生み出した。天災か人災かの違いはあるが、大量であるがゆえに被災者の個性が喪失し、無名の死者になったという共通点がある。仮埋葬の発掘時にも、遺体の名前が分かっても、持ち物などから年齢が特定できなければ、同姓同名の別人の遺体と区別することができないといった問題が生じた。

　通常、死者には一つの墓があてがわれ、一つの家で祀られる。しかし、空襲による大量の死者は個々の名前を呼ぶことのできない存在だ。彼らは「一〇万人という数字へと置き換えられた無名の人々」である。そのため、慰霊施設や儀礼は一般化せざるをえず、逆に、遺族は死者の名を記録し受け継ぐことで、大量の死者の中から近親者を選り分けようとする。死者をめぐって、一般化と個別化という正反対の力が働くのである（木村豊「東京大空襲の死者と遺族」）。

東京都慰霊堂は都の施設であるが、管理は公益財団法人東京都慰霊協会に委託され、同協会が「永久的総合祭祀」を行っている。慰霊堂内の祭壇には巨大な位牌が二つ置かれている。慰霊大法要は毎年二回、春（三月一〇日）と秋（九月一日）に営まれる。法要の導師は、特定宗派に偏らず、浅草寺や寛永寺など五つの寺の住職が輪番で務めている。

建築様式も祭式も基本的には仏教式であるが、その根底にはできるだけ一般性・公共性を確保しようとする意図がうかがえる。空襲死者の名前の記録は今も続く。慰霊堂に納められているのは大量の名もなき遺骨だ。これら一つ一つに名前を与えようとする試みが、悲劇を後世に引き継ぐ記憶実践になるのである。

第五章

流行神の聖地

1　発見される神仏

†流行神のパターン

ひしめく東京の寺社を見ていると、昔から多くの神仏が自由に崇拝されてきたように思われる。しかし、実態は異なる。江戸期、寺院は救済装置だけでなく、民衆統制のための行政機関としての機能を兼ねていた。寺請《てらうけ》制度と呼ばれるものだ。庶民はどこかの寺の檀家となり、キリシタンでないことを証明した。寺は戸籍管理も担っていたのである。

このように、現在まで続く檀家制は、葬式や法事といった宗教的欲求に応えるためだけでなく、行政的な必要性から確立された。民俗学者・宮田登の言葉を借りれば、江戸期の仏教は

「……民衆支配の走狗と化し制度化すると、宗教としての本質とかけ離れ形骸化してしまった」のだ（『江戸のはやり神』）。宮田の議論は近世仏教堕落論というべき極端な批判だ。葬式仏教は民衆の宗教的欲求に応えたものであり、浄土真宗などでは講の活動も盛んであった。

寺が宗教的かつ行政的な役割を果たし、社会の中で安定的な位置を占めていたのに対し、宗教的熱情の瞬間的高まりが新たな聖地を生み出した。それが流行神《はやりがみ》現象である。それまで注目されていなかった神仏が、熱狂的な参拝の対象になったのである。

由来不明な怪しげな神々が、突然、強力な御利益をもたらす神として参詣者を集め、そして、間もなく棄てられた。この祀り上げと祀り棄てのサイクルの速さこそが流行神現象の特徴だ。宮田によれば、流行神には福の神が多かった。かつては現代よりも貧富の格差は激しく、火事や疫病などで簡単に死が訪れた。その分、商売繁盛・火除け・病気治癒といった願いは切実だった。死や不幸がありふれていたからこそ、多くの福の神が必要だったのである。

流行神現象にはさまざまなパターンがあるが、多くは何かをきっかけに巷《ちまた》に祀られていた名もなき神仏が発見されることで始まる。夢でのお告げや神像仏像などの天空からの飛来、地中からの出現などだ。続いて、その神仏に関わる奇蹟譚が広まる。小祠に不敬なことをしたら罰があたった、試しにお参りに行ったら強力な御利益があったといったものである。

流行神に稲荷が多いのも江戸の特徴だ。江戸開府以前に農耕神として祀られていた祠が都市化した江戸で再発見される。そしてその際、新たなエピソードや御利益が付加された。材料となる現象や物があり、それにまつわる情報が拡散することで、特別な場所や信仰対象が生みだされたのである。

材料となるものの特異性はもちろんだが、拡散される情報も同じくらい重要だ。たとえば稲荷のシンボルである狐は、良いことばかりするわけではない。狐憑《つ》きのような形で人間性を奪うこともある。だが、そうした強い霊力が上手く働けば、大きな福をもたらすかもしれない。つまり、強い霊力が良い方向に働くことを裏づけるような宗教的説明が重要なのである。

†福の神になった黒闇天

小石川に牛天神として知られる北野神社がある。一一八四年、源頼朝によって創建されたという古社だ。頼朝が同社の岩に腰かけて休んだ時、夢に菅原道真が現れ、吉兆をもたらした。以来、境内の牛形の岩を撫でると願いが叶うとされる。眺望の良さでも知られ、北斎「礫川《こいしかわ》雪《ゆき》ノ旦《あした》」は、同社境内の茶屋から見えた富士を描いたものとされる。

牛天神の境内社には太田神社がある。現在では、芸能の神である天鈿女命《あめのうずめのみこと》、道の神である猿田彦命《さるたひこのみこと》、そして宇迦御魂命《うかのみたまのみこと》が祀られるが、太田神社には貧乏神と同体視される黒闇天《こくあんてん》が祀られていた。そして、次のような出来事をきっかけに、黒闇天は福の神に転じる。

江戸の中期、小石川に住む貧乏な旗本がいた。この旗本は年柄年中、貧しい暮らしで難渋していたが、ある年の暮れ、何を思ったのか、貧乏神の姿を画像に描き、神酒をその前に供えて、こう願ったという。自分の家は代々貧乏暮らしで、思うこともかなわないが、それでも貧乏ながらそれなりに結構過ごしてきており、別に愁いもない。これはひとえに、貧乏神のお蔭であるから、ここに一社を建て、守護神として崇拝したい。だから少しは貧乏を免れ、福分も移ってくれるようにと、ずいぶん虫のいい願掛けをしたのであった。

するとそのうちに、この家にも運が向いてきて、次第に金がたまり出した。そこで屋敷内の小祠を、牛天神の別当に頼んで、境内へと移してもらった。この話が世間に広まり、貧乏人たちが、牛天神にある貧乏神に盛んにお参りにくるというのである。（宮田登『都市民俗論の課題』）

ちなみに、牛天神のウェブサイトでは、次のような由緒が紹介されている。

昔々、小石川の三百坂の処に住んでいた清貧旗本の夢枕に一人の老婆が立ち、「わしはこの家に住みついている貧乏神じゃが、居心地が良く長い間世話になっておる。そこで、お礼

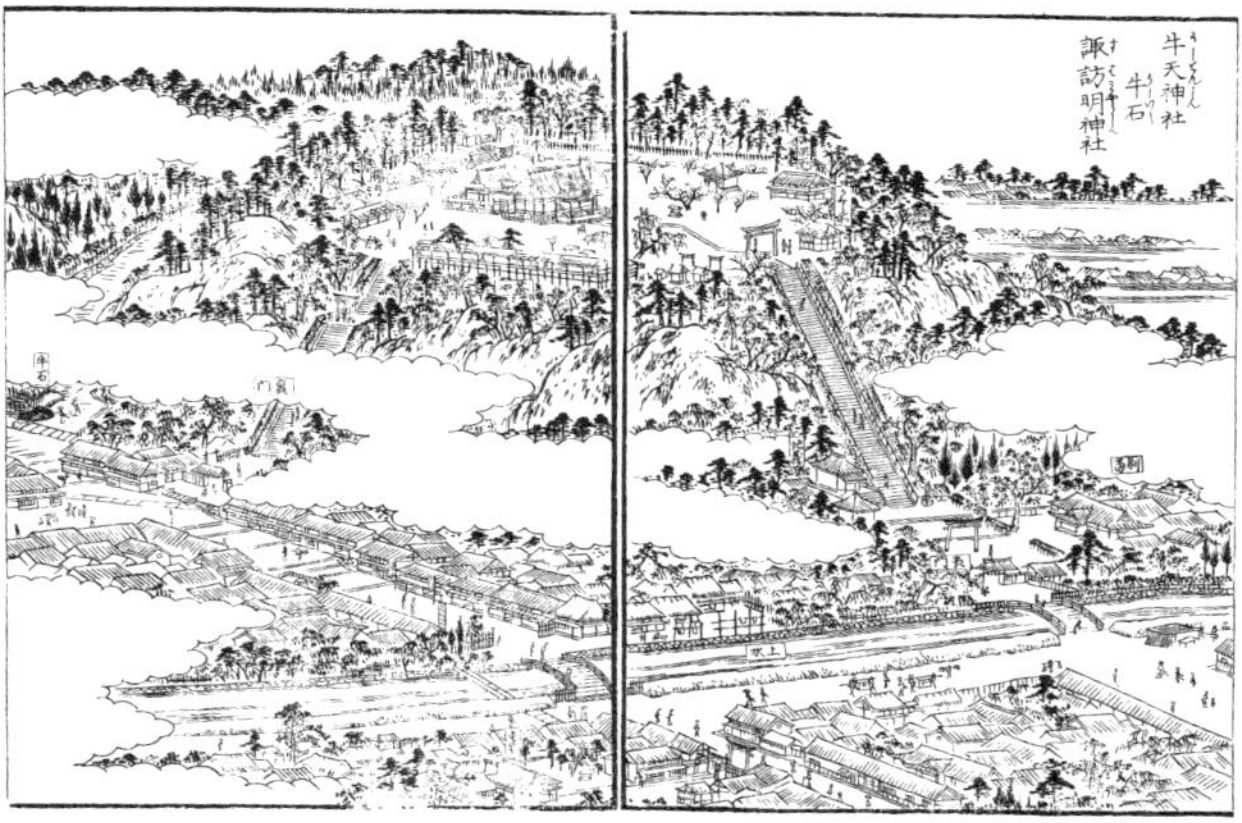

牛天神社（『江戸名所図会』4、ちくま学芸文庫）

をしたいのでわしの言うことを忘れずに行うのじゃ……」と告げた。

　正直者の旗本はそのお告げを忘れず、実行した。すると、たちまち運が向き、清貧旗本はお金持ちになる。そのお告げとは――

「毎月、一日と一五日と二五日に赤飯と油揚げを供え、わしを祭れば福を授けよう……」

以来、この「福の神になった貧乏神」の話は江戸中に広まり、今なお、お告げは守られ、多くの人々が参拝に訪れている。（牛天神のウェブサイトから引用）

　右の二つの話は細部において異なるが、いずれも負の神を再解釈することで新しい神が生み出されたことを伝えている。黒闇天は醜悪な外見の災厄をもたらす女神である。姉妹とされる吉祥天とは真逆の属性だ。だが、マイナスとはいえ強い力を持った神だったからこそ流行神になりえた。右の由緒によって、黒闇天の負の属性が正に転換され、頼りがいのある福の神となった。神仏の性格が民衆の想像力によって変質し、新たな信仰が生じたのだ。太田神社の貧乏神は、大正期まで多くの参詣者を集めたという。

江戸は数百年前からの人口密集地だ。神仏を含め各地の文化が持ち込まれ、その情報が多様な背景を持つ人々の間で拡散した。人々の属性や嗜好が多様であったからこそ、さまざまな願望があり、それを充足するのに無数の神仏が生み出されたのである。そして、流行神のメカニズムは東京にも引き継がれている。近年のパワースポット現象だ。ネットを始め、情報環境が拡充した現代社会では、流行神はますます生まれやすくなっているのである。

†於竹大日如来井戸跡

江戸初期、人間離れした倫理性のために流行神になった女性がいた。大伝馬町《おおでんまちょう》の名主・佐久間家で下女として働いていたお竹である。

お竹は普段から信心深く、特に慈悲深さが際立っていた。与えられた食事や給金は、すべて貧者・浮浪者・野良猫などに施してしまう。自分の食事はどうしたかというと、台所の流しに麻袋をつけ、そこに溜まった他人の残し物を粥にして食べていた。

ある時、お竹は仮死状態に陥り、生死の狭間で次のような光景を見た。

……何だか広い野原のようなところを歩いて、黄金の宮殿のあるところへ行き着いた、中へ入ろうとすると、そこには仏様がおいでになって、これはお前のために拵《こしら》えた部屋だ、ここへ来なさい、といって、結構な台のところへ連れて行かれた、何だか夢を見たような心持であったが、阿弥陀様が自分を救って下さる予約をされたような気がする……（三田村鳶魚《えんぎょ》『江戸の女』）

於竹大日如来井戸跡

臨死体験後、お竹はますます信心深くなり、彼女が炊事をしていると台所全体が光を放ったなどと伝えられる。於竹大日如来井戸跡《おたけだいにちにょらいいどあと》（中央区日本橋本町三丁目）は、お竹が働いた佐久間家の屋敷があった場所にある。

一六八〇年頃にお竹は亡くなったが、後に大日如来の化身として崇拝されるようになる。死後六〇年ほど経つと、芝円福寺・浅草寺念仏堂・両国回向院などでお竹大日如来の開帳が行われた。興味深いのは、これらが羽黒山の山伏による出開帳《でがいちょう》だったことだ。

†聖女を作った物語

なぜお竹大日如来は羽黒山と結びついたのか。きっかけは、佐久間家の主人が、お竹の死後、等身大の木像を羽黒山修験《しゆげん》の根本道場・荒沢寺《こうたくじ》正善院に寄贈したことだ。佐久間家は正善院黄《こ》金《がね》堂境内に於竹大日堂を建立し、玄良坊の山伏に管理を任せた。その結果、お竹の物語は羽黒と深く結びついた宗教的なものに変質したのである。

正善院に伝わる『於竹大日如来縁起』では、武蔵国比企郡にいた乗蓮という行者から物語は始まる。乗蓮は生身の大日如来を拝みたいと考え、何年間も羽黒山へ通った。ある年、玄良坊に宿をとった乗蓮は夢でお告げを聞く。「汝わが尊容を拝せむと思はば、是より江戸に行て、さくま某が侍女竹女といふ者を拝すべし」というものだった。

翌朝、乗蓮は泣いて喜びながら玄良坊の主人・宣安と共に江戸へ旅立った。大伝馬町の佐久間家へたどり着き、お竹を何度も礼拝した。礼拝するとお竹の全身から光があふれて部屋を満たし、二人は一晩中、読経を続けた。翌日、乗蓮と宣安は羽黒へ戻ったが、その日以来、お竹は部屋に籠って経を唱えるようになる。そして四〜五日後の早朝、お竹は成仏する。お竹に感心した佐久間家の主人は仏像を造り、羽黒山へ納めたというのだ。

佐久間家がなぜ羽黒山にお竹像を納めたのかは不明だ。羽黒をお竹の郷里とする話もあるが、これは後づけだろう。『於竹大日如来縁起』は、乗蓮という狂言回しを用意することで、羽黒とお竹の結びつきを必然的かつ宗教的なものにしたのである。

羽黒山は修験の本場であり、即身仏《そくしんぶつ》が多くあることで知られる。即身仏とは、行者が生きたまま土中に籠り、死後、それを掘り返して仏として安置したものだ。しばしば混同されるが、内臓摘出などの防腐処置を施すミイラとは異なる。行者は土中に入る前から穀断ちをして体から脂肪や水分を排除し、腐敗しない身体を作り上げるのである。

即身仏は、行者の宗教的自死の賜物だ。利他のために自らを省みなかったお竹の生き方と共鳴する。羽黒山での夢中託宣という物語の挿入により、お竹の存在と行為は宗教的超越性を獲得する。倫理的な孝女・賢女を超えて聖女になったのだ。後には、出開帳のために羽黒からお竹像を江戸に持ってきた際、佐久間家に安置しようとしたものの、かつての主家にはばかってか、表口からはどうやっても入らず、裏口から入れることができたといった逸話も生まれている。

元となる仏像に縁起が付加され、それを山伏がメディアとなって宣伝することで流行神が生まれた。お竹大日如来は、宮田が論じた流行神の発生パターンに良くあてはまる。出開帳では、像だけでなく、お竹が使った前かけや麻袋なども一緒に展示された。

一九〇九年、朝日新聞の「名流婦人歴訪」に、木村貞子（一八五五〜一九二六）が自身の生育環境について寄稿している。木村は根岸の幕臣の家に生まれ、華族女学校教授を務め、家事専門女学院や梅花女塾を開設した女子教育の先駆者だ。木村は、幼少期からお竹大日如来の由来話を聞かされて育ち、倫理観を刷り込まれたと語る。木村の父は、代官として越後に赴任した際に罪人に毎月自費で食事を施すなどし、後に神として祀られたという。

東京タワー直下にある心光院は、お竹が仕えた佐久間家の菩提寺だ。その縁で、境内にはお竹如来を祀る堂があり、お竹が使った流し板が丁寧に包まれて安置されている。これは、将軍・綱吉の生母・桂昌院がお竹の生き方に感銘をうけ、金糸などを用いた豪華な織物で包んだものだ。聖女の聖遺物と言ってさしつかえない。

†太郎稲荷——江戸最大の流行神

太郎稲荷（台東区入谷二丁目）は、入谷《いりや》にある民家に囲まれた現在の小社からはまったく想像できないが、流行期には、浅草寺や寛永寺に匹敵するほどの参詣者を集めた聖地である。

そもそも太郎稲荷は江戸の神ではない。同地には、かつて九州の柳川《やながわ》藩立花家の下屋敷があった。立花家の守護神として国元の柳川城内に祀られていたものが、江戸屋敷に分祀されたのだ。大名家の屋敷神が突然民衆から崇拝されるようになったのである。

そうです、そうです。あの太郎稲荷が流行《はや》り出した年ですから慶応三年の八月、まだ残暑の強い時分でした。御存知でしょう、浅草田圃の太郎様を……。あのお稲荷様は立花様の下屋敷にあって、一時ひどく廃れていたんですが、どういう訳かこの年になって俄かに繁昌して、近所へ茶店や食物屋がたくさんに店を出して、参詣人が毎日ぞろぞろ押し掛けるという騒ぎでしたが、一年ぐらいで又ぱったりと寂しくなりました。神様にも流行り廃りがあるから不思議ですね。（岡本綺堂「筆屋の娘」『半七捕物帳』）

最初の流行は、一八〇〇年頃の麻疹《はしか》流行をきっかけにして始まった。立花家嫡子が麻疹にかかったが、太郎稲荷のお蔭で軽く済んだという噂が広まった。麻疹の流行が終わった後も参詣者は増え続け、一八〇四年には寛永寺の縁日よりも人が集まった。

綺堂の小説にあるように、隆盛期には飲食店が門前に軒を連ね、太郎稲荷参詣印鑑も作られた。移動が自由でなかった江戸期、遠国から来た神の参拝は、物見遊山的な欲求も充足させたのだ（吉田正高「解き放たれた大名屋敷内鎮守と地域住民」）。あまりに参詣者が多く、押し倒されて怪我する者や死ぬ者まで出た。

面白いのは、太郎稲荷の流行に対する藩邸側の反応だ。参詣者抑制という名目で、縁者だけ

太郎稲荷

に参拝許可証を発行したのだ。しかし、制限によって参詣熱は逆に高まり、許可証が偽造されるまでになった。藩による参拝制限は事故防止のためのように見えるが、太郎稲荷による経済効果は大きく、流行促進のためにあえて制限したのではないかとされている。

享和年間の流行はしばらくすると治まったが、その後、文化・天保・慶応年間にも流行した。稲荷信仰が江戸で活発になり、王子・真崎・三囲《みめぐり》・妻恋・豊川などの稲荷が流行り廃りを繰り返した原因は江戸の流動性に求められる（程亮「変貌する狐憑き伝承の類型と諸相」）。江戸の住民は身分や立場などの多様性が高く、それぞれが自分たちの稲荷を見つけ出したのだ。また、太郎稲荷のように元々屋敷神だったものは、江戸ならではの町域や屋敷の激しい変更にともなって興亡したこともあったようだ。

太郎稲荷のある旧浅草光月町は、第三章でとり上げた『たけくらべ』の舞台となった千束と隣接する。前近代の農村的なものと近代の商業的なものが衝突し、やがて前者が駆逐された場

小林清親「浅草田圃太郎稲荷」(『清親畫帖』)

所だ。浅草田圃《たんぼ》などと呼ばれる通り、太郎稲荷周辺には田圃が多かった。
宮田は、狐が霊獣視される理由は農耕を通じた人間社会との近さにあると指摘する。狐は田圃の近くまでやって来て示唆的な行動をとる。人間はその行動にメッセージを読み込んでしまい、そのために神の使いとされるというのだ。江戸東京という都市にありながら、田圃という農村的背景を有していたからこそ、太郎稲荷の霊力は一層信じられた。一八八〇年前後に制作された小林清親「浅草田圃太郎稲荷」は衰退期を描いたものだろう。廃墟になった出店と何もない田圃に上った月が寂しい。
明治期まで、太郎稲荷には実際に狐が住みついていたようだ。近くの深田で老女が溺死するといった事件も起きている。一八九〇年には、太郎稲荷からほど近い下谷山伏町で、びしょ濡れでさまよう少年が警察に保護された。事情を問いただすと、太郎稲荷の賽銭を盗んだ後、家に帰ろうとしたが、何度も道を間違い続け、いまだに帰れないと語った。太郎稲荷は、都市にあってなお怪しげな雰囲気をたたえる地域の霊的核であったのだ。

井上円了妖怪博士を煩わせる出来事として、現代の都市伝説のような話も報じられている（「浅草中田圃の不思議」朝日新聞一八九七年三月二一日）。夜ごと太郎稲荷の近辺に美女が灯りも持たずに現れ、付近を徘徊する。すれ違った人が美貌に気づいて振り返ってもいなくなっていたり、人力車の車夫の中には、呼び止められて料金を交渉したが、走り出したとたんにいなくなったと語る者もいた。そのせいで、ぼったくりを行うような不良車夫すら、太郎稲荷界隈には近づかなくなったというのだ。

この時期、太郎稲荷は商業主義の波に洗われていた。江戸が東京になることで大名は力を失い、太郎稲荷のある土地も投資対象として売買された。太郎稲荷の敷地は、興行地として再開発する目的で、京橋区の時計商の手に渡る。その結果、私有地に得体の知れない神がいることを嫌った持ち主の意向で、太郎稲荷を江東区の大島神社に合祀する話が持ち上がった。右の新聞記事は、稲荷の移転を快く思わない狐が、美女に化けていたずらをしているのではないかと結ばれている。

結局、地域の信徒の嘆願もあり、大島神社に分祀はされたが、太郎稲荷も残された。とはいえ、一九〇〇年代に入るとすっかり荒廃した。人を呼び戻すため、日清戦争の忠霊堂を建立する計画もあったが頓挫した。高野山金剛峯寺《こんごうぶじ》から原心猛を招き、太郎稲荷を太郎荼枳尼《ダキニ》天に改称するという案も出た。原は金剛峯寺の座主まで務めた大僧だ。荼枳尼は、元々は屍肉を喰らうヒンドゥーの女鬼だ。日本では狐が死肉を食べることなどから、稲荷と同一視されるようになった。密教の力で再び狐に霊力を与えようとしたのである。

現在の太郎稲荷は、民家に挟まれた狭い参道を抜けた先にひっそりとたたずむ。祠を囲む壁面は、太郎稲荷講の旅行写真で覆われている。写真を見る限り、少なくとも昭和末まではそれなりに活発な活動が続いていたようだ。鳥居や幟《のぼり》にある寄贈者名には、浅草や蔵前の商店主たちの名が刻まれている。大名の屋敷神という特殊な来歴を持った神が長い時間をかけて地元に馴染みつつも、地域を超えた祈願社として存続してきた様子がうかがえる。

太郎稲荷に飾られる太郎敬神旅行会の写真

2 発明・再編される伝統

†東京大神宮

神前結婚式は伝統的な婚礼作法のように思われるが、実は一〇〇年ほど前に整備されたものだ。そして、その舞台となったのが東京大神宮（千代田区富士見二丁目）である。

東京大神宮は伊勢神宮の遥拝所・東京出張所として明治初期に創設された。現在は飯田橋駅を最寄りとする富士見にあるが、かつては有楽町に所在し、日比谷大神宮と通称された。富士塚と同じように、現地に行けない庶民のための施設のように思われるが、同社創設の背景には祭政一致という明治政府の方針があった。

明治政府が目指したのは皇祖神と皇統の崇拝を国民に広めることだ。それを目的に伊勢講が再編成され、布教組織として神宮教会が作られた。そして、その事務所である神宮教院が置かれたのが日比谷大神宮であった。その後、神宮教は教派神道《きょうはしんとう》の一つになる。教派神道とは、明治初期、さまざまな民間信仰のうち、組織的にまとまったものが独立した宗教団体として認められたものだ。だが間もなく神宮教は解散し、一八九九年に財団法人として神宮奉斎会が設立

「日比谷大神宮」（『日本之勝観』）

された。この改組が持つ意味は大きい。

祭政一致を目論むと共に、近代的な信教の自由も掲げた当時の体制下では、神宮教は、キリスト教や仏教と並び立つ宗教団体の一つにすぎなかった。つまり、神宮教が説く教えは特定宗教の信仰であり、国民すべてに強制することはできない。そこで作られたのが神宮奉斎会だった。同会は道徳主義の団体と自称し、伊勢神宮のお札である神宮大麻や暦本の頒布を書籍販売事業と主張したのだ。とはいえ、事務所は依然として日比谷大神宮に置かれ、神宮教の組織や資産を受け継いでいた。

当時から神宮奉斎会を非宗教団体とすることに批判はあった。一九〇二年三月には、元神宮教信徒同志会が神宮教解散と奉斎会成立を否認するための裁判を起こしている。だが奉斎会の主張が認められ、他宗教から卓越した団体として国式国礼の宣布活動を行い、皇統崇拝と国体論を広めることが認められたのである。

†神前結婚式の発明と流行

こうした文脈の中で発明されたのが神前結婚式である。一九〇〇年五月一〇日、当時の皇太子・嘉仁《よしひと》親王（後の大正天皇）と九条節子《さだこ》（後の貞明皇后）が結婚し、宮中で婚礼が行われた。これをきっかけに神宮奉斎会は国礼修行部を設け、神前結婚式の形式整備と普及を始める。

皇太子成婚の翌年、国礼講習会会長の下田歌子（一八五四〜一九三六）らによって、日比谷大神宮で模擬結婚式が行われた。下田は学習院や順心女学校で教育に関わり、実践女子学園の基礎を築いた女子教育の先駆者だ。模擬結婚式には一〇〇名あまりの女学生が動員された。式では、祭壇に伊弉諾《いざなぎ》・伊弉冉《いざなみ》の神号が書かれた軸が掛けられ、酒や昆布などの供物が置かれた。新郎新婦役が盃を交わし、親族役への披露が行われた。こうして新郎新婦の三々九度を中心とする神前結婚式が整備されたのである。

重要なのは、神前結婚式が合理的な婚礼形式と見なされたことである。従来、自宅や料亭で行われてきた婚礼は必ずしも宗教的意味を持たず、祝宴が数日続くこともあった。それに対して、神前結婚式は古雅荘厳でありながら、費用も安く一時間程度で終わる。神聖かつ簡便な点が好意的に受け止められたのだ。夏の挙式には椅子が導入されるなど、細部も合理的であった。

その後の民間での神前結婚の流行はめざましい。一九〇五年頃には毎月一二～三組の申し込みがあった。一年で一番多いのが三月と四月、その次が一一月と一二月だった。一日平均で六組程度、混み合う日には倍の一二～三組が挙式した。一九〇九年までのおよそ九年間で、二三五〇組以上が日比谷大神宮で挙式した。挙式の日取りについて、大神宮は悪日はないという立場をとり、元旦や春秋の皇霊祭を除き、いつでも式が行われた。もっとも良いとされる黄道吉《こうどうきち》日《にち》には数カ月前から申し込みが殺到した。

日比谷大神宮で挙式するためには、まず、新郎新婦が自身と媒酌人の姓名・職業・族籍を記した申込書を提出する。予算は特別一等が五〇円（三五人以内）、特別二等が三五円（三〇人以内）、特別三等が二五円（三〇人以内）で、それ以下の松・竹・梅が二〇円（二五人以内）、一五円（二〇人以内）、一二円（一〇人以内）となっている。

軍人の申込者がもっとも多く、次に文官が多かった。合理的な結婚式は近代国家の新たな都市エリートたちに受容されたのだ。結婚式を内緒にしておきたい申込者も多かった。まだ学生であるとか、親の許しを得ていないといった人々だ。家と家ではなく、個人と個人を結びつける結婚の萌芽であったと言えるかもしれない。

菊池寛『真珠夫人』（一九二〇）では、壮田勝平が金の力で強引に妻に迎えた瑠璃子と日比谷大神宮で挙式する。勝平は「神聖なるべき式場」に入る時も、瑠璃子に対して、「落藉した愛妓に対するほどの感情をも持つて」いなかった。しかし、その気高さと美しさに気づき、祝詞《のりと》の言葉も耳に入らないほどに魅せられ、「勝平の不純な心持ちをさへ、浄めるやうだつた」。簡便で合理的な神前結婚式は、愛のない結婚にも適した儀礼形態だったのである。

神前結婚式は各地に浸透してゆく。神田明神、日枝神社などが続き、一九二一年には上野東照宮でも神前結婚が行われるようになった。東照宮ではそれまでも旧幕臣を中心に婚礼式が行われてきたが、寂《さ》びた雰囲気や環境の良さから申し込みが多くなり、一般にも開かれることになったのだ。

地方の小社でも神前結婚式が行われるようになり、この時期に、七五三や成人式といった神社での儀礼も広まった（江馬務「結婚の歴史」）。大阪では、一九二四年、神宮奉斎会の大阪地方本部のあった靭《うつぼ》大神宮で三〇〇組以上が挙式した。平均年齢は男性が三一〜三三歳、女性が二四〜五歳で、当時としては晩婚組が多かった。当時の感覚では多少世間をはばかるものであり、神前結婚式で簡単に挙式してしまうのが好都合だったのだろう。

†戦後のパワースポット・ブーム

日比谷神宮は関東大震災で焼失するが、一カ月半後にはバラックの仮神殿を造立し、割引価格で結婚式が再開された。移転までの間だけでも、年間一二〇〇〜一三〇〇組が挙式した。その後、一九二八年に現在地に遷座して再建され、飯田町大神宮と呼ばれるようになる。そして戦後、再び宗教法人となり、東京大神宮と改称した。

東京大神宮での挙式は依然として廉価であった。「日比谷大神宮以来の伝統」をキャッチコピーに頻繁に新聞広告が打たれた。一九四六年、奏楽付きの鶴コースが一五〇円、亀コースが一〇〇円だ。デパートや料理店の場合、挙式料こそ三五〜五〇円、六〇〜一〇〇円と抑えられているが、会場代・飲食代・写真代などが加算される。そのため、二〇〜三〇人規模の式の場合、デパートでは六〇〇〜七〇〇円、料理店では一五〇〇〜二〇〇〇円が必要だった。

東京大神宮には結婚相談所も併設された。一九五四年当時、年間申込者数は男性が一五〇〇人、女性が二五〇〇人程度である。カップリングは年齢・身長体重・職業・収入・学歴・家族・趣味・住宅情報・相手への希望などが書かれた申込書を見て選ぶ場合と、家庭設計についての討論会、映画・音楽の鑑賞会、ハイキングなどのイベントで知り合う場合があった。申し込み料金は五〇〇円で、カップルが成立するとさらに五〇〇円を納める。

二〇〇五年一一月、今上天皇の長女・紀宮《のりのみや》が東京都職員と結婚した。挙式は帝国ホテルで行われたが、神前結婚式の型を踏襲している。帝国ホテルでの挙式では、通常はホテル内の多賀神社が使われる。多賀神社は大震災後、日比谷大神宮が焼失したのをきっかけに滋賀県から勧請された。同社の神職は永島藤三郎の末裔だ。永島は結納品専門の乾物商で、一九〇八年、神社ではなく一般家庭でできる永島式結婚式を発案した人物である。

紀宮の式では、伊勢神宮大宮司が斎主だったため、天照大神を祀る式場が別に設けられた。ただし、伊勢神宮では結婚式は行われないため、式の進行は東京大神宮神職が務めた。祝詞《のりと》奏上、新郎新婦の盃の交換、誓詞の読み上げ、親族盃の儀が行われた。一般と異なるのは新婦側が上座についたことくらいである。

二〇〇〇年代の東京大神宮は、しばしば「大正天皇が最初に神前結婚式を行った場所」というやや不正確な情報と共に、女性のための縁結びのパワースポットとして知られるようになる。多い時には一日二〇〇〇人もの参拝者がいる。増加する女性参拝者のための対策もとられた。夏には参道と境内にドライミストが噴霧される。お守りは、一般的なデザインのものに加えて、女性をターゲットにしたデザインのものが無数にある。外国人をターゲットにした英文おみくじや血液型おみくじまで用意されている。

東京大神宮は、その来歴からして氏子を持ちえない。御利益をできるだけ広くアピールし、挙式希望者や祈願者を集めることで存続してきたのだ。同社の現在の恋愛パワースポット化は、一見伝統的だが実は当時最新のトレンドだった神前結婚式の流行と重なる現象なのである。

3　パワースポット——現代の流行神現象

†パワースポットの類型

二〇〇〇年代以降の日本の宗教風景を考える場合、パワースポット・ブームの影響力は見逃せない。それまで忘れられていたり、当たり前のものだと見なされていた場所が発見され、そこにまつわる霊験や御利益の物語がメディアを通じて拡散される。パワースポットは現代の流行神と言ってさしつかえない。パワースポットと呼ばれる場所は無数にあるが、大きくは①再提示型、②強化型、③発見型の三つに分類できる。

①再提示型は、従来から全国的な知名度を誇る寺社だ。日本を代表するような聖地にパワースポットというラベルがあらためて貼られるケースである。伊勢神宮や出雲大社、高野山や比叡山などがパワースポットとして紹介されてメディア露出が増えることで、それまで以上に注目を集めるようになるのだ。

②強化型は、それほど知られていなかった寺社が、特定の効能・実践・エピソードなどを強調することで、多くの人に知られるようになるタイプだ。東京大神宮が、神前結婚式の発祥地

であることを強調し、縁結びの聖地として知られるようになったのが典型である。
③発見型は、そもそも寺社のような宗教的な来歴を持たない場所が、「パワーが貰える」「癒される」といった語りによって聖地になるケースである。たとえば、山口県の鍾乳洞・秋芳洞《あきよしどう》や屋久島の縄文杉などだ。これらは数千年以上の長い時間をかけて自然に形成された場所であるため、そこにパワーが蓄積しているなどと語られる。
パワースポットという言葉は特定の宗教団体や信仰体系を想起させない。癒しやリフレッシュという表現と合わせて使うことで、宗教的な内容をニュートラルな印象の下で伝えることができるのである。

†今戸神社――八幡宮から恋愛の聖地へ

今戸《いまど》神社（台東区今戸一丁目）があるのは、浅草寺の北東一キロメートルほど、待乳山聖天（第一章参照）のすぐそばである。一〇六三年、源頼義・義家父子が、奥州征伐の折、京の石清水八幡を勧請したのが創建とされ、『江戸名所図会』には今戸八幡宮の名で登場する。一九三七年、近隣の白山《はくさん》神社と合社され、その際に今戸神社と名を改めた。

パワースポット・ブーム以前の今戸神社には、特筆すべきことはそれほどない。他のほとんどの地域の神社と同じことだ。域外から参拝者を集めるような寺社の方が少数なのである。二〇〇〇年代以降、海外からも参拝者が訪れるようになるのは、同社が積極的な聖地観光戦略をとったためだ。今戸神社は、強化型のパワースポットとしてもっとも成功したケースである。今戸神社の特徴は、さまざまなイメージの流用と結合にある。今戸神社を訪れると、鳥居の脇に「招き猫発祥の地」「沖田総司終焉之地」と書かれた看板が立てられていることに気づく。どちらも今戸神社だけに関わるイメージではないのだが、それらを巧みにとり込んで自社と結びつけている。

招き猫については、浅草界隈に次のような話が伝わっている。江戸末期、浅草に住む老婆が貧しさゆえに愛猫を手放した。その後、夢にその猫が現れて、「自分の姿を人形にしたら必ずや福徳を授かる」と告げた。それに従って浅草寺参道で片手を挙げた猫を売り出したところ大好評になったというのである。

どちらかと言えば、浅草寺が発祥であることを伝えるような話だ。また招き猫発祥の有力説は、都内に限っても豪徳寺など他にもある。だが今戸神社では、招き猫は神社のメイン・キャラクターとして御朱印に添える押印、お守りなどの授与品、絵馬などに使われている。

社務所の一角には、大量の招き猫が収集されている。神職夫人が見た夢を再現したものだという。アニメ『続夏目友人帳』のヒット祈願が同社で行われた際に奉納されたニャンコ先生の招き猫もあり、それを目当てに訪れるアニメファンもいる。

今戸神社境内

もう一つ、今戸神社にとり込まれたのが新選組の沖田総司である。社殿手前には「沖田総司終焉之地」という碑が建てられている。元新選組隊士の永倉新八が記した『同志連名記』に、薩長軍の江戸入りの際、肺を病んだ沖田が今戸八幡に収容され、同地で没したという記述があることに基づいている。

歴史的な事実はさておき、沖田は各種の小説・マンガ・ゲームで薄命の美男剣士として描かれるため、女性人気が高い。現在、今戸神社境内にはカフェにあるようなデザインのベンチやテーブルなどが置かれているが、これらは沖田目当てに訪れた女性たちが休憩するために置かれるようになったものだ。

ちなみに、沖田が実際に亡くなった場所は定かではない。だが、今戸八幡説よりも、新宿にあった植木職人宅という説が有力とされる。新選組イメージを作り出した子母《しも》澤寛《ざわかん》『新選組始末記』や司馬遼太郎『新選組血風録』も新宿説を採用している。二〇〇九年、今戸神社ばかりに沖田ファンが集まることを懸念し、新宿にも「逝去の地」の看板を立てる陳情が区議会に提出されたが、建立にはいたっていない。

そして、今戸神社の最大の売りが縁結びの御利益だ。これは同社の祭神に伊弉諾・伊弉冉という夫婦の神が含まれていることに由来する。とはいえ、伊弉諾・伊弉冉を祭神にする神社は全国に無数にある。しかも、この二柱の神は一九三七年に合社された白山神社に祀られていたものなのである。要するに、伊弉諾・伊弉冉は、今戸神社の前身である今戸八幡の近所にいた神にすぎなかった。だが、女性をターゲットにした縁結びという戦略の下、祭神の秩序を組み替えることで、同社は強化型パワースポットとして成功を収めた。縁と円をかけた真円形の絵馬にはつがいの招き猫が描かれ、名物となった。社殿正面には巨大なつがいの招き猫が置かれ、参拝者は猫を拝んでいるようにさえ見える。逆に、今戸八幡の元々の祭神・応神天皇の居場所がないようだ。たしかに、恋愛の聖地に武家の守護神は似つかわしくない。

今戸神社が縁結びや恋愛の聖地として話題になり始めたのは二〇〇七〜八年頃だ。それから一〇年近く経っているが、現在でも平日休日を問わず多くの女性参拝者がいる。雷門周辺で客を拾う人力車も、若い女性を乗せた時には必ずと言って良いほど同社に立ち寄る。蓄積されたイメージを現代に適合するように組み換えることで、同社は二〇〇〇年代を代表する流行神になったのである。

†明治神宮

明治天皇崩御は、当時の宮内省発表では一九一二年七月三〇日午前〇時四三分となっている。実際には、それより二時間ほど早い二九日午後一〇時頃であった。

皇室典範によれば、天皇崩御後、新たな天皇が践祚《せんそ》し、改元しなくてはならない。一日分の時間を稼ぐために、死亡時刻が早められたのだ。日本最初の立憲君主の死であり、前代未聞の出来事だった。弔い、墓所の選定、顕彰のやり方などについても先例がなかった。体調悪化から崩御までの期間が短く、準備時間が不足していた。

崩御から間もなく、明治天皇陵を東京市に造営しようという運動が始まる。東京市長・阪谷芳郎、財界の重鎮・渋沢栄一などが各所に働きかけた。しかし、御陵はすでに京都市伏見の桃山に造ることが内定しており、嘆願は山縣有朋らによってしりぞけられた。

そこで出てきたのが、大葬の行われた青山練兵場に明治神宮を設立し、第二の伊勢神宮にしようという動きであった。神宮に加えて、明治天皇の遺徳を伝える記念館や記念碑、さらには銅像を建立するという意見も出た。銅像については、西欧で王や偉人の像が街中に飾られるのにならおうというものであった。

しかし、銅像建設には反対意見もあった。たとえば、東京帝国大学の古文書学者・黒板勝美

（一八七四〜一九四六）は次のような見解を表明した（朝日新聞一九一二年八月六日）。黒板は、そもそも明治天皇の「記念」としての神宮建設を批判する。なぜなら、神宮は「万民が仰ぎ奉つて崇高敬虔な念に打たる可きもの」であって記念物ではないからだ。フランスのパリのパンテオンと同じように、神宮は「日本式パンテオン」として造られるべきだというのだ。

黒板は、記念のための博物館は「子孫をして明治の文明を容易に窺《うかが》ひ知らしむる」ために別に造られるべきだとする。しかし、崇敬対象としても記念物としても、銅像だけは許されないと強調する。「西洋人は歴史と習慣との力で銅像を見ても敬虔の念が起こる」のかもしれないが、黒板自身、西欧で多くの銅像を見てきたが、「良く出来てあると思つたことは幾らもあるが崇高な感じが湧いた例しは殆《ほとん》ど」なかった。帝大構内などにある胸像を見ても「一種厭な気持」がするばかりで、ましてや銅像が鳥の糞にまみれているのは残酷だというのである。

こうした議論を経た後、一九二〇年一一月一日、明治神宮は明治天皇と昭憲皇太后《しょうけんこうたいごう》を祭神に創建された。建設には、各都道府県・市町村に割り当てられた寄付金が用いられた。台湾や朝鮮なども含めた各地から一〇万本もの献木があり、将来、自然林となるように設計された。

注目すべきは、全国の青年団が神宮造営に参加したことだ。若干の賃金も支払われ、奉仕後には東京観光を行った。皇居や新宿御苑の拝観も特別に許された。全国の青年たちが喜んで勤労奉仕に参加するようになり、「明治神宮は青年によってつくられた」という印象が広まった

（山口輝臣『明治神宮の出現』）。明治神宮は東京のものというイメージが次第に薄くなり、全国民の神社という意識が醸成されたのである。

しかし、一九四五年四月一三日深夜、B29が一七〇機来襲し、四時間で一二〇〇発近くの焼夷弾を集中投下した。この時は皇居や赤坂離宮にも被害が出た。明治神宮には三〇発以上の焼夷弾が落ち、本殿と拝殿が焼失した。当時の新聞は、明治神宮への攻撃を「計画的神域冒瀆《ぼうとく》」（読売）、「計画的、不敬の暴挙」（朝日）といった見出しをつけて非難している。

一九四七年には戦犯切手の追放が行われた。軍国主義や国家神道を象徴する図柄の郵便切手を使用不可にするというものだが、藤原鎌足、楠木正成、乃木将軍、靖国神社などと共に、明治神宮の八銭切手も追放された。

とはいえ、それから間もなく、戦前と同じく明治神宮は初詣でもっとも人を集める場所となる。一九五一年元日、皇居に参内したのは三〇万人、新宿駅の乗降客四五万人、上野駅が二一万人なのに対して、明治神宮には五〇万人の参拝客があり、戦後の新記録となった。翌年には元日と二日だけで一一〇万人が訪れた。そして、一九五六年には元日だけで三〇〇万人の参拝客があり、現在と同じような様相を呈するようになったのである。

東京オリンピック以後は、訪日外国人の観光コースにも組み込まれた。一九六七年には、年間一万人もの外国人が参拝した。それをうけて、翌年には英語のおみくじを頒布し始めた。明治神宮のおみくじは大吉や凶といったものではなく、明治天皇と昭憲皇太后の詠んだ短歌が中心であった。國學院大学日本文化研究所に依頼し、分かりやすいもの二〇首が選ばれて英訳されたのであった。

†清正井とパワースポット神学

国家的聖地から都心の観光地に変貌した明治神宮だが、二〇一〇年頃からパワースポットとして注目を集めるようになる。ただし、焦点となったのは、明治天皇・昭憲皇太后が祀られる本殿ではない。併設される御苑にある湧き水・清正井《きよまさのいど》（渋谷区代々木神園町一番）であった。

明治神宮の敷地には、一時期、戦国武将加藤清正の子・忠広が住んでいた。加藤家断絶後は井伊家下屋敷となり、維新の際に政府のものとなった。清正井の来歴は不明だが、「土木の神様」と称えられた清正が掘ったという謂《いわ》れもあることから、その名がつけられている。

清正井に人々が詰めかけたのは二〇〇九年のクリスマスからだ。前日のテレビ番組で、手相占いで知られるタレントが運気向上の場所として清正井を紹介し、翌日から恋愛成就や厄落としを願う人々が長蛇の列を作ったのである。清正井がある御苑には神社とは別の入り口から入場料を払って入る。御苑は日没と共に閉苑となるため、冬の最盛期には、昼頃に到着しても清正井にはたどり着けないほどであった。

清正井が興味深いのは、そこで新たな語りと実践が生み出され、神社側との軋轢《あつれき》が生じたことである。清正井を訪れた人は、湧き水の写真を撮って携帯電話の待受画面にしたり、持参したパワーストーンやお金を湧き水で洗うといった実践を行った。これらは他のパワースポットでも見られる行動である。

ネット上の質問サイトや掲示板では、清正井をめぐる面白いやりとりを見ることができる。ある質問者の知人は、清正井の写真を撮ったところ、女性の顔のようなものが写り込んでしまった。それ以来、その人には立て続けに良くないことが起きており、写真をどのように処分すれば良いのか悩んでいるという。

いくつか返信があるが、そのうちの一つは次のようなものだ。清正井はブームになって多くの人の願いを叶えたため、悪いエネルギーを吸収してきた。その結果、パワーダウンして浄化力がなくなり、悪い霊が写り込んだというのだ。そして対処方法として、写真をプリントアウトしたら線香と共に燃やし、データはすぐに消去することが勧められている。

こうした実践や語りは伝統的な神道の枠組みには収まらない。パワースポットをめぐっては、パワー・エネルギー・浄化・癒しといった独特の用語で、場所の価値や効能が説明される。これらの言葉は、神道や仏教の用語とは違い、難解さや宗教的な重さを感じさせない。信仰のない人々にも受け入れやすいのだ。また、一応は自然科学に由来するため、質問サイトでのやりとりにあったように「マイナスのエネルギーを浄化しすぎたためにパワーダウンした」といった宗教的な語りと、写真のような技術を結びつきやすくしたのである。

こうした疑似科学的な語りが広まることで、清正井以降、さまざまな寺社や聖地にあらためて人が集まるようになった。パワースポットという言葉には宗教的な響きがそれほどないせいか、自治体や公的組織のパンフレットやウェブサイトでもしばしば用いられる。清正井は、このようなパワースポット神学の発祥地と言って良いだろう。

しかし、パワースポット・ブームは伝統宗教側にとっては良いことばかりではない。とりわけ、明治神宮の場合がそうであった。清正井がブームになって参拝者が増えたのは良いが、彼らの多くは肝心の本殿には参拝しなかった。神社としてみれば、清正井はあくまで湧き水であり、宗教的な意味はない。神社本庁の『神社新報』には、ブームを批判する記事も掲載された。「極端な例では神域で祈りを捧げるのではなく、携帯電話に写真データをさめるだけで満足してゐるやうな事例さへ」あり、「まさに「パワースポット」といふ言葉に惑はされた極端な例」として非難されている（「論説　パワースポット　安易な伝統破壊は慎むべき」『神社新報』二〇一〇年一一月八日）。

パワースポット・ブームは、世俗化社会の中で影響力やアピール力を低下させた寺社に、あらためて人々を呼び寄せる機会となった。しかし、人が集まったのは従来からの祈りの場とは限らない。また、人々の語りや実践も、伝統宗教のそれとは必ずしも重ならないのである。

それぞれの聖地の伝統や歴史がパワー、エネルギー、浄化といったパワースポット神学の言葉で書き換えられ、ガイドブックなどで商品カタログのように並べられる。訪問者は、そこから自分が求める効能や御利益を自由に選ぶというのがパワースポット化の本質だ。忘れられた神仏を再流行させるだけでなく、新しい実践や観念を生み出すのである。

そして、東京のパワースポットを概観すると強化型が多いことに気づかされる。強化型は、寺社が抱え込む多様なイメージの中から特定要素を選り抜き、それをメディアに投げ込むことで成立する。積極的なメディア活用という点では、語られ方だけが変わる再提示型、まったく新しく見出される発見型とは大きく異なる。街に多くの寺社がひしめき、霊的市場が活発な東京の宗教環境が強化型を増加させたと言えるだろう。

第六章

フィクションが作り出す聖地

1　自立する物語

✝壬生寺

本書では、物語によって他とは区別される場所を聖地と定義する。場所にまつわる物語が社会的に共有され、世代を超えて伝達されることで、そこは特別視されるようになる。逆に、物語が忘れられれば聖地ではなくなる。

「はじめに」では伊勢神宮を例に挙げた。伊勢神宮は神道の最高聖地だが、神道や日本文化に関する知識のない外国人観光者から見れば、大阪からも名古屋からも遠い地味な外観の神社だ。唯一神明造りに宗教性や精神性を見出せるのは、神道の知識や物語を知っている人なのである。

壬生寺の新選組絵馬

伊勢とは別の例として、京都市中京区の壬生寺《みぶでら》が挙げられる。九九一年創建の歴史ある寺だが、一九六二年の火災で本堂と本尊の地蔵菩薩半跏像を焼失した。震災戦災を経験した東京の寺社と同じく、寺院建築そのものに特段の価値があるわけではない。壬生寺が多くの人を集めるのは新選組と深い縁があるためだ。

「壬生浪《みぶろ》」という蔑称の通り、新選組は、京に上った当初、壬生寺を拠点に活動した。同寺境内で武芸や大砲の訓練を行ったという。沖田総司が境内で近隣の子供たちと遊んだといった逸話も残されている。こうした関わりから、壬生寺には、近藤勇の胸像と遺髪塔、芹沢鴨《せりざわかも》や平山五郎らの墓が残されている。訪れる人の多くは、これら新選組の遺物や墓を目当てにやって来る。仏教施設としてではなく、人気のある歴史上の人物の痕跡を求めて来ているのである。

ここで注意したいのは、人々を壬生寺へと駆り立てているのは、歴史的事実ではなく、物語としての新選組であることだ。訪問者の多くは、史料を精読して新選組を知るわけではない。彼らに新選組への思い入れや憧れを植えつけたのはフィクションである。

近藤勇は大器の親分、土方歳三は冷徹な組織人、沖田総司は美形の天才剣士。こうしたイメージはフィクションが作り出したものだ。歴史的事実としては確かめようがない。子母澤寛《しもざわかん》、司馬遼太郎、池波正太郎といった巨匠たちが新選組の物語を生み出し、それらを原作に映画やドラマが無数に作られた。二〇〇四年にはNHK大河ドラマで『新撰組!』が放映された。アニメやマンガも数多く、新選組の局内を舞台にしたゲームの人気も高い。

壬生寺の訪問者たちは、これらの物語の舞台として同寺を体験する。事前に享受した物語によって、近藤と土方が政局を語り合い、沖田が遊び、芹沢が暗殺された場所として壬生寺は意味づけられる。新選組の物語が結びつくことで、壬生寺は初めて聖地になるのだ。

本章では、フィクションが作り出した聖地をとり上げてみたい。元になる出来事はあったにせよ、それがさまざまな手法で演出されながら繰り返し語られ続ける。次第に、物語が自立して流通するようになり、むしろ歴史的事実を覆い隠すようになるのである。

†泉岳寺

泉岳寺《せんがくじ》（港区高輪二丁目）は、一六一二年、家康の肝煎りで現在の警視庁近くに創建された。初代住職として招かれたのは今川義元の孫とされる門庵宗関《もんあんそうかん》だ。家康が幼い頃に人質として暮らした今川家の菩提を弔うために創られたとされる。

一六四一年、泉岳寺は寛永の大火で焼失する。家光の命で現在の高輪《たかなわ》に再建されることになったが、それを命じられたのが毛利・浅野・朽木・丹羽・水谷の五大名であった。この時以来、泉岳寺と浅野家のつき合いが始まる。それからおよそ六〇年後、泉岳寺を有名にする二つの事件が発生する。

最初の事件は、一七〇一年三月一四日午前一〇時頃に江戸城で起きた。この日は京から勅使が来ていた。事件を起こしたのは、あろうことか勅使接待役の浅野内匠頭長矩《たくみのかみながのり》だった。播磨赤穂藩の三代目藩主である。長矩が高家《こうけ》筆頭の吉良上野介義央《きらこうずけのすけよしひさ》に城内で斬りつけた。

吉良は傷を負ったが、命に別状はなかった。傷の痛みも軽く、食事も変わらずとり続けていた。しかし、日柄・場所柄をわきまえない所業から、長矩は即日切腹となった。通常であれば大名は座敷での切腹となるが、長矩の場合、身柄を預けられた田村家の庭での切腹だった。遺骸はすぐに泉岳寺に埋葬された。浅野家は改易、弟の大学長広も閉門となり、浅野家を再興する望みも絶たれた形となった。

長矩が城内で凶行に及んだ理由については色々な推測がある。高家とは幕府の典礼や儀式を司る役職だ。長矩は吉良から接待作法を教示されるはずだったが、潔癖な性格の長矩は吉良に賄賂を渡さず、冷たくあしらわれた。その腹いせから刃傷沙汰《にんじょうざた》になったという説が広く知られているが、真相は分からない。長矩が接待役を務めるのは二度目であった。

江戸城での刃傷事件の翌年、一七〇二年一二月一四日、二つ目の事件が起きた。大石内蔵助《くらのすけ》良雄を筆頭とする浅野家旧臣が本所の吉良邸に討ち入り、吉良を殺害したのだ。討ち入り後、足軽身分の寺坂信行が行方不明になっており、江戸期には四六士と称された。吉良の首を挙げた四六士は両国回向院で沙汰を待つ予定だったが拒絶され、泉岳寺に向かい、亡き主君の墓前に吉良の首を供えたと伝えられる。

その後、浪士たちは自ら大目付に討ち入りを報告し、細川家・松平家・毛利家・水野家の四大名家に身柄を預けられた。幕府からは、斬首ではなく切腹が言い渡された。切腹までの間、浪士たちは各大名家で丁重に扱われたと伝えられる。以上が赤穂事件と呼ばれる出来事である。

現在では、赤穂事件よりも忠臣蔵という呼び名で知られ、ドラマや映画は年末の風物詩になっている。赤穂浪士の討ち入りは利ではなく義のための行動とされ、非合理的だが感情を揺さぶる振る舞いとして称揚される。とはいえ、こうしたイメージを作り出したのは討ち入り直後から交わされた議論と、その後、無数に作られ続けたフィクションである。

討ち入りの是非をめぐっては、事件直後から議論が巻き起こった。大石らの言い分は「敵《かたき》討ち」である。しかし、幕府から見れば、徒党を組んでの「押し込み」に他ならない。吉良殺害は幕府の裁定にたてつく行為であり、将軍の権威を傷つけるものだ。下された判決は、死罪ではあるが、斬首ではなく切腹というものだった。法理的に許せないが、浪士たちを支持する声も強く、武士の体面を保てる判決が出されたのである。

赤穂事件は歌舞伎や浄瑠璃などで演じられるようになるが、直後は、事件そのものがニュースのように伝えられた。歴史上の他の事件に赤穂浪士が重ねられて上演されたのだ。

泉岳寺の絵葉書。手前の看板には大石まんぢゅうの文字が見える

事件から八年後、綱吉が亡くなる。そして、長矩の弟・長広が旗本にとり立てられて浅野家再興が成る。事件としては、この時点でひとまず落着した。これ以降は時間が経つにつれて、実際にあった事件としての現実感が希薄になり、フィクションとしての面白さが競われるようになったのである（祐田善雄『浄瑠璃史論考』）。

事件を題材にした二次創作も生み出された。討ち入りを武士の手本として描き出した『仮名手本忠臣蔵』がその集大成だ。そして、フィクションが増殖し洗練される過程で、赤穂浪士たちは義士として理想化されてゆく。

たとえば幕末、吉田松陰は藩からの許可なく脱藩して旅に出た。出奔《しゅっぽん》の日は松陰自身が書き記している通り、赤穂事件の討ち入りの日だ。この日の出発を宮部鼎蔵らと約束しており、そのために慌てて脱藩したようにすら見える。脱藩は、米国渡航失敗と共に、松陰が小伝馬町の牢に送り込まれる要因となる。脱藩を討ち入りの日に合わせたというのは、後づけかもしれない。だが、伝説的な天才教育者が大失態の理由に選んでしまうほど、忠臣蔵は美しい精神のあり方として共有されていたのである（常吉幸子「「忠臣蔵」の精神史」）。

維新以降、赤穂浪士の理想化はさらに顕著になる。江戸期には、国法に反した浪士を大っぴらに称賛することははばかられた。そのため、浄瑠璃や歌舞伎では、先述の通り他の事件に仮託され、登場人物の名前も変名が用いられていた。実際、維新直後には、浅野内匠頭と言っても、誰のことか分からないのが一般的であったという。赤埴源蔵《あかばねげんぞう》は、講談などで赤垣源蔵と名を変えられていたため、泉岳寺が作成した義士の連名帳にも赤垣で掲載されていたという。

しかし、明治の御代に、そうした配慮は不要だ。むしろ、新時代においては幕府が悪とされるため、その権威に抗した赤穂浪士は、それまで以上に称賛に値するようになったのである。

†福本日南の義士肯定論

赤穂浪士称賛論の代表作が福本日南（一八五七〜一九二一）の『元禄快挙録』（一九〇九）である。日南は新聞「日本」の記者を務めた後、玄洋社系の九州日報の社主兼主筆となった人物だ。『元禄快挙録』は、赤穂事件についての「史書」として書かれた。日南の歴史家としての地位を確立した著作だが、その論調は徹底的な義士肯定論に貫かれている。

たとえば同書では、長矩・吉良・大石などの性格が家系をたどって分析される。とはいえ、結論はすでに出ている。吉良はさかのぼれば上杉謙信と縁者になる家系であるが、それゆえに威張り散らす嫌な人間とされる。「而《しこ》うして其人となりを概言すれば、小人の特質に於て一つも欠ける所が無い。上には諛《へつら》ふ。下には驕《おご》る。其癖貪慾《そのくせどんよく》にして賄賂に目が無い。始末の悪い人物であつた」というように最低の性格だったと断じられる。

そして、幕府の判断も喧嘩両成敗の不徹底であり、吉良贔屓《びいき》の誤った処分と非難される。

> 内匠頭の所為《しょい》は如何《いか》にも大不敬の罪にも当るが、之を犯させた首因はと問へば、上野介に在るのである。彼は事実勅使の接伴長にてありながら、誠意を以て忠勤を励まず、終《つい》に内匠頭との争擾《そうじょう》を惹起したのであるから、十分審理を加へられれば、上野介も御構《おかまい》なしという訳

には参らぬ。況《ま》してや殿中に於ては喧嘩両成敗の法章は、家康公以来の幕典として厳乎として存するのである。然るに独り内匠頭のみを御処分となる。老中の奉行し兼ねたのも無理はない。

日南は、赤穂事件当時の泉岳寺住職・酬山長恩《しゅうざんちょうおん》も「平凡な俗和尚」だと批判する。長恩は、吉良の首を持った浪士たちが寺に入るのを拒もうとした。近隣の寺の承天則知から浅野家菩提寺であることを指摘されてようやく聞き入れたが、後に浪士たちの遺品を売り飛ばしたというのだ。日南は「承天則知が居合わせなかつたなら、大失態を演出し、泉岳寺今日の名誉と繁昌とを留めなかつたかも知れぬ」としている。

内蔵助らが切腹した細川邸についてのエピソードも詳細に記されている。維新後、細川邸は皇室のものとなった。その際、明治天皇は、宮廷官僚から「御庭の裏には大石内蔵助等が切腹いたした跡も存しますれば、遺骸を送りだしました不浄門も残つて居ります る。それを如何いたしたものでござりませうか」と問われるが、「其儘《そのまま》永く保存するように」という聖旨を下したという。

日南は、この言葉を聞けば「義徒在天の霊」は「感泣」し、屋敷を提供した「細川越中守の神霊も亦其志の空しからざりしを狂喜するであらう」としている。そして、同書は次のように

絵葉書「義士之墓全景」

結ばれる。赤穂浪士の義は、物語となって世界に広まったというのである。

日本あって以来、此快挙ほど国民の大歓迎を受けた出来事を見ぬ。それだけ亦《また》夙《つと》に院本にも脚色《しく》まれれば、悲劇にも上され、講談にも演ぜられれば、浪華節にも歌はれ、それの興行せられる処、聴衆観客は山の如く堵《かき》の如く繁昌する。而して其院本の「忠臣庫」は早く大陸に流伝し、乾隆《けんりゆう》五十九年に鴻濛子に由つて飜訳せられ「海外奇談」の一書となつて、東洋諸国に播布されたが、近くは一挙の事実更に欧米に聞え、凡そ「ローニン」といへば、赤穂の義徒を聯想せぬ者なきに至らしめた。忠義の感応も亦実に偉なりと謂う可きである。

『元禄快挙録』は史書という形をとりながらも、完全な義士肯定論に傾いている。同書は、赤穂浪士を模範的集団として論じ、現在にいたるまでの忠臣蔵的赤穂浪士観を基礎づけたと言える。

京都学派の哲学者・三木清《きよし》（一八九七～一九四五）は、赤穂からほど近い龍野（現たつの市）に生まれた。出身校の旧制龍野中学校では、毎年、赤穂浪士の真似をした行軍が行われた。

播州赤穂は龍野から五里ばかりのところにある。私どもの中学では毎年義士討入りの日に全生徒が徹夜で赤穂の町まで行軍を行い、そこで義士追慕の講演会を開くのが例であった。その講演会には生徒のうちの雄弁家が出ることになっていたので、平素においても演説はなかなか盛んであった。（「読書遍歴」）

この講演会のために参照されたのが、各種の義士論だった。赤穂浪士を肯定する論を立てさせることで義を内面化させる教育方法だったと言える。そして演説の準備のために、三木も感激しながら『元禄快挙録』を読み込んだのである。

†三田村鳶魚の義士否定論

他方、赤穂浪士を批判的に論じたのが三田村鳶魚《えんぎよ》である。もちろん、事件当初から浪士への批判はあった。だが、鳶魚の「赤穂義士」は、理想化が進んだ後に現れた義士否定論として興味深い。

鳶魚によれば、そもそも吉良殺害は敵討ちではない。敵討ちとは「いづれも目上の者を殺されたのを、目下の者が敵討に出かけ」ることだ。だが、長矩を殺したのは吉良ではなく幕府であり、しかも、最初に斬りつけたのは長矩だ。したがって、喧嘩両成敗が行われなかったという異議は見当違いである。喧嘩は長矩が勝手に始めたもので、吉良は喧嘩を買ってすらいない。長矩を切腹にした綱吉の判断も筋が通っている。勅使接待の折に城内で狼藉を働くことは、何よりも朝廷に対する礼を欠く。長矩の即日切腹は「朝廷を尊崇する方の意味から云つて、まことに至当な事柄」だというのである。

鳶魚によれば、赤穂浪士を義士として最初に理想化したのが儒学者・室鳩巣《むろきゆうそう》（一六五八〜一七三四）である。鳩巣は『義人録』において、自らの学問のために赤穂浪士を「如何にも完全な人で、一分一厘の瑕瑾《かきん》もない、完全なもの」として偶像化した。さらには、浪士の忠義を立派にするために、長矩までも「馬鹿馬鹿しく立派な者」に仕立て上げた。鳶魚は、むしろ長矩が立派でなかった方が浪士の忠義は際立ったはずだと指摘する。こうした観点は、後の坂口安吾の意見とも共鳴する。

昔、四十七士の助命を排して処刑を断行した理由の一つは、彼等が生きながらえて生き恥をさらし折角《せっかく》の名を汚す者が現れてはいけないという老婆心であったそうな。現代の法律にこんな人情は存在しない。けれども人の心情には多分にこの傾向が残っており、美しいものを美しいままで終らせたいということは一般的な心情の一つのようだ。十数年前だかに童貞処女のまま愛の一生を終らせようと大磯のどこかで心中した学生と娘があったが世人の同情は大きかったし、私自身も、数年前に私と極めて親しかった姪の一人が二十一の年に自殺したとき、美しいうちに死んでくれて良かったような気がした。(『堕落論』)

長矩が暗愚であった方が忠義は一層鮮明になり、その後の理想化が容易になったことは間違いない。ちなみに、鳶魚自身、赤穂へ旅して地元の人たちから話を聞いている。その時には、浅野家が改易となって赤穂からいなくなる際、「領民はひどく喜んで御祝ひをした」という話まで耳にした。要するに、鳶魚にとっては、赤穂事件とは思慮の足りない君主の暴挙と家来たちの見当違いの押し込み殺人なのである。

日南が義士肯定論を唱えたのは、背景を考えれば当然かもしれない。日南は皇室崇拝やアジア主義を掲げた玄洋社の影響を受けた。その立場からすれば、旧体制の幕府を悪者にし、新時代の理想的人間像を引き出せる義士肯定論は都合が良い。一方、鳶魚は八王子千人同心の流れをくむ家の出だ。鳶魚が義士否定論に傾くのもまた首肯できるのである。

†義士の墓所と記念

現在、泉岳寺の赤穂浪士墓所は他の檀家とは分けられている。本堂に向かって左手に伸びる参道脇には忠臣蔵の聖遺物が並ぶ。長矩が切腹した際に血がしみ込んだという血染めの石と血染めの梅、墓前に供える前に吉良の首を濯いだとされる首洗井戸などだ。そして、明治になってから浅野家上屋敷から移築された門をくぐると聖域に入る。

浪士たちの墓は、内蔵助の墓を筆頭に、討ち入り後に預けられた家ごとに区分されている。四六士に加え、周囲の反対で討ち入りには参加しなかったが切腹して果てた萱野《かやの》三平、そして、事件後行方不明になった寺坂信行を合わせた四八の墓と供養塔がある。寺坂のもの以外は、戒名が刃から始まる。赤穂浪士の墓所は、幕末以降の戦死者墓地のモデルにもなった（今井昭彦『近代日本と戦死者祭祀』）。神風連の墓域（熊本県桜山神社）、西南戦争における薩軍墓地（鹿児島県南洲墓地）などが同所を参考に造成された。

一八八〇年には義士遺物保存会が発足している。義士にまつわる遺物の保存と義士伝の語り伝えを目的とする団体で、毎月末日曜日に月例会が開催された。翌年には、榎本武揚が保存会会長に就任している。義士遺物陳列場も作られ、一八九〇年の開帳には、二日で二〇〇〇人あまりが参拝した。一九〇〇年代になると、観光化した泉岳寺が金をとって義士の墓に人を入れることへの批判も出始めた。

寺の中門と山門の間には、大石内蔵助の像が建てられている。連判状を手にした大石が江戸のある東方を見つめているものだ。像が建てられたのは一九二一年だ。浪曲師・桃中軒雲《とうちゅうけんくも》右衛門《えもん》（一八七三〜一九一六）の発願で造られたものと説明されている。雲右衛門は浪聖と謳われた浪曲の立役者である。なぜ浪曲師が大石像を建てようとしたのか。

一九〇二年、雲右衛門は師匠・三河家梅車と衝突し、東京の寄席に出演できなくなってしまう。西日本へと下り、その際に玄洋社の後援を受けて、九州で成功を収めた。そこで日南とも交友を深め、浪曲「義士伝」を完成させたのである。

そして一九〇六年、東京復帰作として演じられたのが『義士銘々伝《めいめいでん》』であった。四七士各人のエピソードを描いた作品だ。三〇秒近く息継ぎせずに語り上げる三段流しを駆使する雲右衛門の人気と実力は凄まじかった。口演を聞いた老人が興奮して脳溢血で亡くなったり、一〇代の少年が熱に浮かされたように雲右衛門の真似をして巣鴨病院に送られるほどだった。

大石内蔵助像

当時はレコード草創期でもあった。一九一二年、雲右衛門は「赤垣源蔵徳利の別れ」などを吹き込み、三光堂から発売した。吹き込み料は破格の一万五〇〇〇円だったが、間もなく複製版が出回り、雲右衛門音譜事件という知的財産をめぐる訴訟に発展した。これが著作権をめぐる日本初の訴訟とも言われている。

大石像を最終的に完成させたのは大和民労会だ。会長の河合徳三郎（一八七〇～一九三七）は、土木請負業、映画プロデュースで成功した後、東京府会議員も務めた人物だ。大石は忠君愛国を喚起するにふさわしい人物であり、そのことをすべての階級に徹底するために、大和民労会結成直後、同会最初の事業として造立されたのである。

赤穂浪士を通じた忠君愛国の喚起は教育にも利用された。一九二二年一二月一四日、四谷高等小学校の一、二年生一三〇名が、討ち入りと同時刻の深夜一二時頃に同校に集合し、明け方五時までかけて泉岳寺を目指して徒歩行軍した。校長は意図を次のように説明している。

一部の人は保守的だなんて云ひますが今日は何も彼も口先ばかりの宣伝で肝腎の実行方面は一向に藻抜《もぬけ》の殻《から》でどうも上ッ調子になつて行く傾向があるので、私は不言実行の精神訓練にはあの長い間艱難苦辛《かんなんくしん》を忍びぬいて遂に目的を果したといふ努力そのものを尊いものだと思ふから生徒にもそれをやらさうと思ふのです。（中略）墓前には団員が各自好きな義士に線香を手向けて英霊を弔ふことにします。（朝日新聞一九二二年一二月一五日）

戦後の赤穂浪士人気をまず支えたのは、NHK大河ドラマ第二作として制作された『赤穂浪士』（一九六四年一月五日〜一二月二七日）だ。原作は大佛《おさらぎ》次郎の同名小説（一九二八）だ。長谷川一夫、宇野重吉、滝沢修、林与一といった豪華出演陣を擁し、動くスター名鑑などと批判されることもあったが、討ち入りの回は五三パーセントという驚異的な視聴率を記録した。

ただし、討ち入りシーンでは山鹿流《やまがりゅう》陣太鼓は鳴らされなかった。史実を追い求めた制作側は義士携帯目録品を調べたが陣太鼓はなく、原作にも鳴らすシーンがなかったためだ。NHKに多くの苦情が寄せられた。中には、ドラマの影響で同年の泉岳寺の参詣客は激増したが、お土産売り場の陣太鼓のおもちゃや置物の売れ行きが悪かったという苦情すらあった。

一九六八年には、戦後初めて、赤穂市の全小中学校で討ち入りについての指導が行われた。とはいえ、戦前のように忠義の理想形として教えることはできない。そこでフィクションと史実を選別し、国法には従うべきこと、社会秩序を乱すのは良くないといった指導が行われたが、現場の教員からは、そもそも何が正しい史実なのか分からないという批判が出た。

現在、泉岳寺には二つの記念館がある。一つは講堂二階の義士木像館だ。江戸から明治にかけて制作された数十体の義士像が歌舞伎の名シーンと共に展示されている。もう一つは討ち入り三〇〇年を記念して建てられた赤穂義士記念館だ。こちらは資料館としての性格が強い。

記念館には、旧義士館の建設を呼びかける榎本武揚の書、明治天皇が遣わした勅書などの本物も展示されている。だが、長矩の陣笠、義士の愛刀といった遺品のほとんどには「伝」と冠されている。討ち入り直後は本物の遺品があったのかもしれないが、その後は開帳のたびに義士の遺品が制作販売された。展示品の多くは聖遺物といってさしつかえない。実際、記念館に入るとすぐ、次のような「開館の辞」が掲示されている。


赤穂義士にまつわる遺品には、歌舞伎『仮名手本忠臣蔵』等で制作された、史実とは異なるものもありますが、これらも多くの庶民に親しまれた証拠であり、今日まで赤穂義士への関心の高さを示す貴重な遺産でもあります。

国文学者の高田衛《まもる》は、赤穂浪士人気の理由として、忠臣蔵という物語が内包する荒々しさや残酷さを挙げる（「たとえば勘平」）。『仮名手本忠臣蔵』は、それほど良くできた芝居ではない。設定も平板で話のスケールも小さい。それにもかかわらず、忠臣蔵には「日本人の国民性のようなものを抽出せずにいられなくなって」しまうような魅力があるというのだ。

北泉岳寺に写された義士の墓

　高田が特に注目するのは、歌舞伎などで長い時間をかけて演じられる判官（長矩に相当）の切腹シーンだ。ここで観客は「死の儀式に参列」し、舞台と観客の交流が生み出され、「観客の意識以前の生活感情」が引っ張り出される。勘平の切腹も同様だ。勘平のモデルは、討ち入り参加がかなわずに切腹した萱野三平だ。勘平の死はまったくの犬死だ。しかし、犬死こそが「正当に生きようとする浄化された執念」を表現し、劇にエネルギーを与えるのである。

忠義のエネルギーは感染する。三木の体験談にあったように、特に明治期以降、討ち入りの日には東京や赤穂以外でも義士祭が行われるようになった。たとえば、堀部安兵衛が生まれ育った新潟県新発田市《しばたし》、内蔵助ゆかりの京都山科、一七義士の遺髪塔のある熊本県山鹿市《やまがし》でも義士祭が行われた。

中でも興味深いのは北海道砂川市の北泉岳寺だ。初代住職が熱烈な赤穂義士崇拝者で、泉岳寺に義士の墓を作る許可を繰り返し求めた。二代目住職に代替わりした一九五三年にようやく許可が下り、泉岳寺とほとんど同じ形の墓所が再現され、一二月一四日には北海道義士祭も行われている。泉岳寺は、美談で飾られつつも荒々しく残酷な物語の発信源なのである。

2 移り変わる物語

†お岩稲荷

四谷三丁目駅からほど近い左門町（新宿区左門町一七および一八）に、神社と寺が向かい合っている。いずれも四谷怪談でお馴染みのお岩さんと関係する場所である。

お岩として多くの人が思い浮かべるのは、鶴屋南北作の歌舞伎『東海道四谷怪談』(一八二五年初演)だろう。同作の下敷きになった怪談は、だいぶ異なる話であった。作家・田中貢太郎(一八八〇〜一九四一)の「四谷怪談」によると、元々のストーリーは次のようなものである。

同心・田宮又左衛門は目が悪くなってきて勤めに不自由するようになった。そこで、娘のお岩に婿養子をとり、家を継がせることにした。しかし、お岩は疱瘡のせいで醜い容姿であった。「顔は皮が剝けて渋紙を張ったようになり、右の眼に星が出来、髪も縮れて」いた。そのため、お岩の婿になろうとする者はなかなか見つからなかった。

婿探しのために又左衛門が頼ったのが、下谷金杉《かなすぎ》にいた小股潜《こまたくぐり》の又市だ。又市は弁の立つ男だった。伊右衛門という美男の摂州浪人が又市の口車に乗せられる。又市は、結婚は家や仕事のためにするものであり、恋心とは別物だと説き、伊右衛門はお岩との結婚を承諾する。

伊右衛門は婚礼前に田宮家を訪れたが、病気を理由にお岩は顔を見せなかった。結局、婚礼当日、伊右衛門は初めてお岩の顔を見た。醜いとは聞かされていたが、想像をはるかに超えていた。「妖怪のような一た目と見られない醜い顔の女」であった。しかし、恵まれた生活環境とお岩の容貌を天秤にかけ、伊右衛門は嫌々ながらお岩と結婚生活を送ることを選んだ。

こうした状況に目をつけたのが、伊右衛門の上司の伊藤喜兵衛である。喜兵衛にはお花という妾がいたが、彼女が妊娠する。喜兵衛は自分で子供を育てるのは面倒なので、お花を伊右衛門に押しつけることを企む。伊右衛門がお花を引きとれば、喜兵衛は生涯伊右衛門に目をかけて面倒をみるという交換条件だった。お花に恋心を持った伊右衛門はこの条件を飲む。

しかし、お花を引きとるには、まず、お岩と離縁しなければならない。喜兵衛が策を弄して、お岩を田宮家から追い出してしまう。お岩は喜兵衛と伊右衛門の罠だとは気づかず、喜兵衛の口利きで住み込みの奉公人になる。だが間もなく、出入りの煙草屋の口から事の真相を聞かされ、伊右衛門の再婚を知る。お岩は狂乱し、そのまま行方不明になる。

しばらくすると、伊右衛門の家で怪異や不幸が続くようになる。庭に突然、お岩のような女が出現し、伊右衛門の名を呼んで消えた。伊右衛門は邪気払いとして弾の入っていない鉄砲を撃つが、その音に驚いた子供がひきつけを起こして亡くなってしまう。さらに亡くなった子の幽霊や、見知らぬ男の幽霊が現れるようになった。

伊右衛門は、お祓いや祈禱のために寺社に参詣するが、妻も実の子供たちも死んでしまう。そして、ある嵐の日、屋根の応急処置をしようとして落下し、耳に怪我をする。傷口から膿が出て、鼠がたかるようになった。鼠の数が次第に増えてきて、長櫃《ながびつ》に隠れるまでになるが、結局、死んでしまう。その後、跡を継いだ子孫にも次々と不幸が襲い、田宮家は断絶する。

伊右衛門がお岩に不義を働き、その恨みに発した不幸が田宮家を断絶させるという大筋は共通している。だが、行方不明になったお岩のその後などは描かれない。さまざまなヴァリエーションがあるが、このような怪談が一七八〇年代には江戸で広まっていたようだ。

東海道四谷怪談

この話を元に大ヒット作を生み出したのが鶴屋南北である。南北の天才的脚色の一つは四谷怪談と忠臣蔵を結びつけたことである。

南北が活躍した時代、『仮名手本忠臣蔵』はすでに不朽の名作だった。南北は、伊右衛門とお岩の父親を浅野家断絶による浪人とするなど、登場人物を忠臣蔵と関わりを持たせた。四谷怪談を討ち入りに行かなかった赤穂浪士の物語に仕立て上げたのだ。この関係づけによって『東海道四谷怪談』は大ヒット作『忠臣蔵』のスピンオフ作品となり、浪士たちの義と伊右衛門の不義が鮮やかに対立するようになったのである。

『東海道四谷怪談』では、設定やエピソードもより劇的になっている。お岩は生まれつき醜かったわけではなく、喜兵衛が盛った毒によって容貌が崩れて亡くなる。また、お岩の妹・お袖も登場し、実は伊右衛門は二人の姉妹の父親を殺した仇であり、お岩はそのことを知らずに同居している。戸板に打ち付けられて殺された男女の遺体が漂着するといった当時の事件をもとり込まれた。事件が起こる場所も、浅草裏田圃、砂村隠亡堀《すなむらおんぼうぼり》（現在の江東区南砂）、本所など、江戸の周縁に移されている。

そして、印象的なエピソードが、戸板返し、提灯抜け、仏壇返しといった派手な仕掛けで演出された。公演前には、楽屋の障子が勝手に開閉する、琴の弦がすべて切れてしまうといった噂がささやかれた。宣伝のために意図的に流されたものである。

その後、南北の『東海道四谷怪談』が原作となって、歌舞伎・落語・演劇・映画などで繰り返しお岩と伊右衛門の物語が語られた。一九九四年には忠臣蔵と関わる映画が二本公開された。一つは東宝の『四十七人の刺客』（監督・市川崑、出演・高倉健、中井貴一、宮沢りえほか）である。義をクローズアップするのではなく、情報戦として討ち入りを描いた作品だ。

もう一つは『忠臣蔵外伝　四谷怪談』（監督・深作欣二、出演・佐藤浩市、高岡早紀、津川雅彦ほか）である。こちらは、南北以来の討ち入りと四谷怪談を重ねて描いた作品だ。ただし、設定は南北のものとも大きく異なっており、伊右衛門が不義を重ねるにつれてリアリティはまったくなくなり、独創的な世界に入り込んでゆく。翌年の日本アカデミー賞の作品賞・監督賞・主演男優賞・主演女優賞などを独占したのは深作作品であった。

†於岩稲荷田宮神社と於岩稲荷陽運寺

現在、四谷三丁目で向き合っているのは於岩《おいわ》稲荷田宮神社と於岩稲荷陽運寺である。

田宮神社の由緒によれば、田宮家では稲荷を邸内社として祀っていた。田宮家二代目の実在のお岩がこの稲荷を熱心に信仰し、後にお岩稲荷と呼ばれるようになったと伝えられる。もう一方の陽運寺には、本堂にお岩の木像が安置され、境内にお岩ゆかりの井戸がある。物語ではお岩は暗いイメージで描かれるが、田宮神社でも陽運寺でも、実際のお岩は幸せな人生を送った貞女であると語られる。そして、お岩稲荷は不遇な女性を守護し、縁結び・縁切りに効くと説かれる。詳しい変遷は不明だが、田宮神社は明治になって間もなく越前堀（中央区新川）に遷座した。境内が手狭になり、越前堀の方が芝居小屋に近く役者の参詣に便利だったためだろうか。これ以降、四谷の於岩稲荷は越前堀の飛び地境内と位置づけられるようになった。

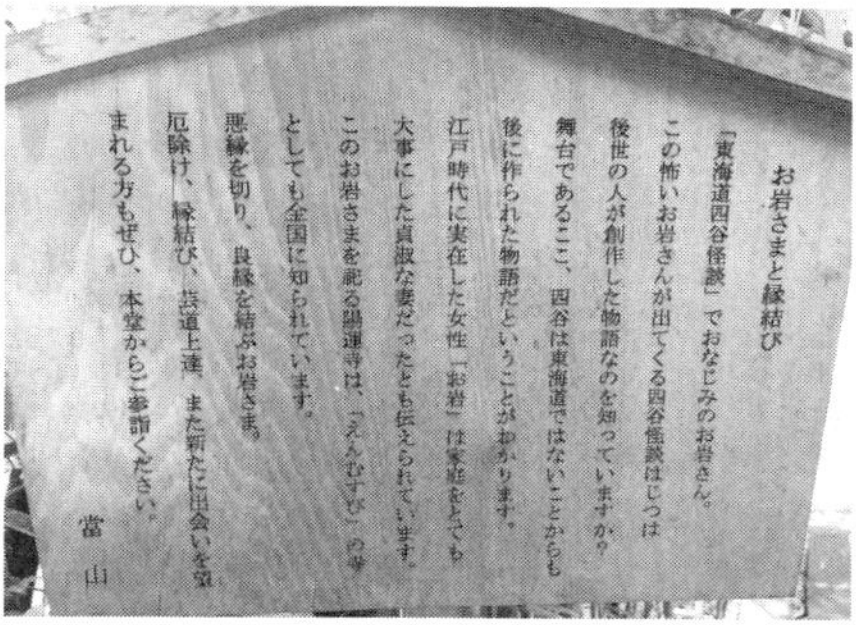

縁結びを謳う陽運寺の立札

一八九六年七月、越前堀のお岩稲荷が四谷に帰るというニュースが報じられた。この時には財閥による移転誘致合戦が行われた。岩崎家は三崎町へ、三井家は四谷荒木町へ遷宮しようと働きかけた。お岩稲荷を呼び物にして商売につなげようという目論見だったようだ。結局、地元の人々の働きかけもあった四谷左門町に落ち着いた。だが、その一〇年後には、四谷のお岩稲荷に山師が入り込んで商売に

右手前が田宮神社、左手奥が陽運寺

走りすぎたため、越前堀の堂守が参拝差し止め運動を起こしたことも報じられている。

戦後になって状況は大きく変わる。四谷の田宮神社も陽運寺も空襲で焼けたが、一九五一年、陽運寺が再建に着手する。四谷から出ている新宿区議も動員して奉賛会が組織され、栃木市の宝樹寺境内の薬師堂を移築し、四谷お岩稲荷立安殿とすることになった。これをうけて、田宮神社も四谷にお堂を再建し始め、本家お岩稲荷争いが展開されるようになる。

田宮神社の言い分は、昔から役者や俳優が詣でてきたのは越前堀であり、したがって、そこから戻ってきた自分たちが正統であるというものだ。一方、陽運寺によれば、田宮家は途絶えており、お岩の名前も登録商標ではないのだから田宮神社が独占することはできないというのであった。

†四谷美談と四谷怪談

四谷怪談をやる時には、今でも俳優や関係者が事前にお岩稲荷に参詣する。参詣しないと関係者を事故や不幸が襲うという都市伝説もある。歌舞伎では、先述の通り派手な仕掛けが売りで、その分事故が多かったのかもしれない。また、南北らが意図的に流した楽屋怪奇談の影響が残ったのかもしれない。参詣先はいくつかあるが、順番はある程度決まっている。最初に訪れるのは西巣鴨の妙行寺だ。同寺にはお岩の墓がある。次に、お岩が信仰していたということで田宮神社を訪れ、最後に歴史の浅い陽運寺に行く。

妙行寺は元々四谷左門町にあった。お岩の死後、田宮家では怪異が絶えず、菩提寺であった妙行寺が供養して鎮めた。明治になってから西巣鴨に移転し、その際に、お岩の遺骨も移されたという。同寺には浅野長矩の正室・遥泉院の供養塔もある。妙行寺では、お岩は伊右衛門と折り合いが悪く、その結果、病気で亡くなったとされる。幸せな人生だったとする田宮神社や陽運寺とは異なる。没後怪異が続いたという点は、明らかに怪談や歌舞伎の影響を受けている。

元々あった怪談ではお岩は狂乱して行方不明になっている。また、南北の歌舞伎では戸板に打ち付けられて川に流された。いずれにしろ、お岩の遺骨は物語的には存在せず、妙行寺はフィクションが錯綜するうちに生まれた場所の一つと考えて良いだろう。

岡本綺堂は、お岩をめぐる物語を、語り手の階級と結びつけて分析している（「四谷怪談異説」）。お岩の不幸とそれに続く怪談を好んだのは「下町派即ち町人派」だ。津川安男も、南北が『東海道四谷怪談』を書いた時期に、すでに武士の忠義に対して懐疑的なまなざしが広く存在していたことを指摘する。南北は「江戸の下層に生きる人々の抑圧」を描き出し、「美徳とされた『忠臣蔵』の裏面」をえぐり出したのである（『江戸のヒットメーカー』）。

一方、綺堂の分類によれば、「山の手派即ち武家派」が唱えたのが四谷美談である。舞台となっているのは武家であり、「自家弁護のために都合のいい美談をこしらえ出した」というのである。お岩稲荷があることを考えると、お岩の物語はまったくの事実無根ではないかもしれない。だが怪談にしろ美談にしろ、中国あたりにいくらでもあるタイプの話だ。そうしたものがいつの間にか輸入されたのではないかと綺堂は推測している。

3　作られる史実

†鼠小僧の墓——両国回向院

「人気のある罪人」というジャンルがある。赤穂浪士も国法を犯した点ではその一つだが、中でも人気が高いのが鼠小僧だ。史実としてのお岩が不詳であるのに対して、鼠小僧については一定の資料が残されており、ひとまず実在していたと言える。

フィクションの鼠小僧は悪徳大名や汚職商人の屋敷だけを狙い、盗んだ富を貧しい人々に施す快男児だ。抜群の身のこなしで、小軀を駆使してどんな狭い穴からでも盗みに入ってしまう。徒党を組むこともなく、一人で大仕事を成し遂げる。

実際の窃盗犯・次郎吉（一七九七？～一八三二）は、芝居小屋の木戸番の息子として人形町に生まれた。とび職につくものの博打で身を持ち崩し、勘当される。盗みを始めたのは遊ぶ金が必要だったからだ。八〇〇回以上の盗みを重ね、数千両を盗んだとされるが、捕縛時にはほとんど金は残っていなかった。そこから貧民に分け与えたという物語が生まれるが、実際には遊蕩と愛人で使い切ってしまっていた。三七歳の時、小塚原で処刑されたと言われている。

次郎吉を義賊・鼠小僧に仕立て上げたのが戯作者《げさくしゃ》・河竹黙阿弥《かわたけもくあみ》（一八一六～九三）である。日本橋の商家生まれの黙阿弥は、一世代上の近所の窃盗犯を主人公として、講談を下敷きに『鼠小紋東君新形《ねずみこもんはるのしんがた》』を書き上げた。鼠小僧は、芝居・講談・映画で人気を高めてゆくが、人気の理由の一つはスマートさだろう。武芸に秀でた男が力任せに事を成し遂げるのではなく、器用さや頭の回転を武器に悪を翻弄する。田舎臭さを感じさせる赤穂浪士の重たい集団的な義に対し、鼠小僧の義は軽やかで痛快な江戸っ子好みだ。

鼠小僧の墓

こうしたつかみどころのなさを利用して短篇「鼠小僧次郎吉」（一九二〇）を書いたのが芥川龍之介だ。この作品は、「親分」が三年ぶりに戻った江戸で、「子分」を相手に旅の途中で遭遇した事件を語るという構成である。

かつて旅慣れていなかった親分は、八王子で越後屋重吉という男に勧められ、同宿することになる。しかし、実は重吉は悪党で、夜中に親分の金を盗もうとする。親分に見抜かれて重吉は捕らえられるのだが、宿の亭主や番頭に対して、自分こそが鼠小僧だと主張し始めた。

鼠小僧の名前を聞くと、亭主や番頭たちは逆に重吉に対して丁寧な扱いをし始める。しかし、親分が本当に鼠小僧であるなら死罪は免れないと指摘すると、重吉は鼠小僧の名を騙《かた》ったことを白状し、宿の人々に袋叩きにされる。そして、最後のシーンで、語り手である親分こそが鼠小僧であることが明かされるのだ。

鼠小僧の墓のお前立ちを削る参拝者

いかにも講談風の鼠小僧話だが、この短篇をめぐって議論が交わされている。鼠小僧の話のパターンに慣れた人が読めば、語り手である親分が実は鼠小僧であると途中で直感されるのだが、果たしてそこまで単純なのだろうかという点だ。中でも、作品が書かれた時代背景と物語を関係づけた分析が興味深い。

芥川は、彼が鼠小僧を書いた大正期と、鼠小僧が活躍した田沼時代を重ねていたという（黄暁波「芥川龍之介「鼠小僧次郎吉」とその時代背景」）。執筆当時、世間を騒がせていたのは一九一四年に発覚したシーメンス事件であった。巡洋戦艦金剛の発注にまつわる日本海軍の収賄事件だ。海軍と三井物産の関係者が検挙起訴され、内閣辞職に結びついた大事件である。芥川の作中には、三井財閥を暗示する表現がちりばめられている。重吉が名乗る越後屋は江戸の呉服店であり、言うまでもなく三井財閥の起源である。また甲州街道のシーンでは、桑畑と桑の枝の描写がなされる。芥川が参照した講談にはないものだ。桑は蚕の餌、つまりは絹の元であり、最終的に呉服と結びつくというのである。

変化の激しい時代にあっては、善悪の境界や判断が危うくなる。フィクションの鼠小僧は、そうした倫理の二面性を体現したヒーローだ。小さな悪は批判されるが、巨悪であればあるほど世間は礼賛してしまう。倫理的には矛盾するが、そうした存在の方が信仰対象として魅力的になる。

現在、両国回向院にある墓の前には、「お前立ち」という白い石が置かれている。参詣者が削るために作られたものだ。小塚原回向院にも鼠小僧の墓があるが、かつては削られるのを防ぐため金網で覆われていた。

フィクションの鼠小僧は、盗みに入っても高いところから落ちなかった。また、戒名の教覚速善居士は「早く良く覚える」と読み解ける。こうしたことから、受験やギャンブルに御利益があるとされ、墓石を削る参拝形態が生まれた。墓石を持ち帰る習慣はかつてから存在し、大石内蔵助やお七の墓もその対象だったようだ。

本所回向院にある鼠小僧次郎吉の墓に祈れば、取退無尽《とりのきむじん》に会ふことを得ると称《たた》へて詣《もう》づる者あれば、墓前は常に香花を絶たず、甚だしきは其墓碑《そのぼひ》を削りて、石片を懐にする者あり。元来都俗に名人の墓碑を削りて其破片を懐にする風あり。或は其人を仰慕《ぎょうぼ》する意に出づるもあれども、多くはこれを懐にすれば賭戯《とぎ》に勝つといふに因れり。高輪泉岳寺の大石父子の墓、小石川円乗寺の八百屋お七の墓、近くは谷中墓地の西野文太郎の墓の如き、為《た》めに墓碑削り去られて殆ど原形を失ふに至れり。（平出鏗二郎『東京風俗志』上）

現在の鼠小僧の墓は一九二六年に建立された。その前に、どのような墓がいつ頃からあったのかは分からない。小塚原で晒された遺体を、義賊を支持する町民たちが引きとって両国に改葬したと伝えられるが、これ自体が義賊伝説の一つだと考えて良いだろう。俗名も次郎吉ではなく次良吉と刻まれており、亡くなった年月日も異なるなど、不明な点が多い。

†近藤勇墓所

幕末、新選組は京の治安維持を名目に結成された。だが、明治維新を肯定する立場からみれば、新選組は暗殺集団にすぎない。本章冒頭で述べた通り、新選組ほどフィクションの力によって評価の一変した存在も珍しい。

近藤勇墓所

言うまでもなく、近藤勇は新選組の頭目である。戊辰戦争末期、江戸から敗走した近藤は流山《ながれやま》で再起を図るが、新政府軍に捕縛される。身柄は板橋刑場に移され、斬首となった。首は京の三条河原で晒され、そのまま行方不明になったという。

現在、板橋駅前にある墓所は、一八七六年、永倉新八が官許を得て建立した。寿徳寺の境外墓地となっている。永倉は新選組の二番隊長と撃剣師範を務めた人物だ。近藤たちと袂を分かった後、北海道に渡り、樺戸《かばと》集治《しゆうち》監《かん》や東北帝国大学農科大学で剣の師範を務めるなどして大正期まで生き延びた。

新選組の活動期間は意外と短い。浪士として上洛した時から箱館戦争が終わる一八六九年まで拡大しても、せいぜい八年程度だ。その割には、新選組という名を聞くと、メンバーのイメージがすぐに浮かぶのではないだろうか。

こうした新選組イメージは、長い時間をかけてメディアの中で作られてきたものだ。想像力が生み出した新選組である。当然ながら、維新直後、新選組の評価は最悪だった。彰義隊と同じく、最後まで新政府に抵抗した。さらに言えば、首都決戦のために集まった彰義隊に対し、新選組は京で志士たちを捕縛殺害してきたのである。

明治期の新聞報道でも、新選組の名前が出ることはほとんどない。維新を見ずに散った志士たちの殺害者として言及される程度だ。一八九一年の読売新聞では、坂本龍馬の死後贈位が伝えられ、龍馬暗殺の下手人として近藤と土方の名が記されている。

新政府側からの不評は当然だが、旧幕側からも批判があった。特に冷たいのが鳶魚だ。鳶魚はかつて幕臣だった家系を誇りにしていた。しかも、近藤の出身地の調布や土方の出身地の日野と近い八王子に生まれている。それにもかかわらず、近藤の剣の腕も人格も否定する。根拠となるのは、近藤と実際に立ち会ったことがあるという祖父や大伯父の話である。

私の祖父は剣術が好きでありまして、近藤とも立ち合ったことがあるといって、よく近藤の剣術の話をしました。ナニあれは強くはない、しかしいかにも粘った剣術であった、三本に一本は取れる、と申しておりました。私の祖父なるものは、びっくり仰天するだけの人間であって、真剣なんぞを持って斬り合うなんていう肚胸のある人間ではありませんから、何のお話もないが、竹刀を持って立ち合ってみても、その人の根性が出ないことはありません。私の大伯父になります谷合量平というものがございまして、それも近藤の剣術の話を致しましたが、やはり祖父が申すのと違っておりません。(「話に聞いた近藤勇」)

鳶魚に言わせれば、近藤の道場は、明治期に偽学者が漢学教授・英学教授の看板を出していたのと大差ない。剣の腕がそんな風でありながらも、政治的な意味など考えず、新選組は誰彼構わず暗殺してしまい、方々から恨みをかった。その結果、近藤は供を連れずには出歩くこともできず、「楯を持たずに戦争に出られない男」に成り下がったというのである。

鳶魚は新選組の前身となった新徴組の幕府内での格についても論じている。新徴組は伊賀者次席という「御家人の下級のもの」であり、「ありがたからぬ廉売《れんばい》の代物」だという。そこから分派した新選組など、さらにとるに足らないというわけだ。そして幕府崩壊直前、近藤が若年寄格になって喜んだことを人品の卑しさの証拠と断じる。

戦争のことでありますから、負けるも勝つもそれはよろしい。負けたからといって、その人間に甲乙がきっとつくものではないが、しかし彼の志を見ると、裏金の陣笠がうれしく、御馳走酒に酔っ払って、敵迫れりと報告されても、向って行けないほどにうれしくなってしまってはしょうがない。この方向から見れば、よくその人柄がわかるように思う。

下らない、つまらない、小才の利く、おだてられれば思いもよらない働きをもするというような人間が、何がおもしろくって、この頃持て囃すのか、どこに興味があるのか、今日近藤勇をおもしろがって、皆が楽しむということを見て、我が国の今のありさまを悲しむのみならず、その心が続いていったならば、近い将来がどんなであるかと思うと、まことに悲しみが深い。


幕末混乱期、どさくさ紛れに幕臣になった近藤が鳶魚は気にくわなかったようだ。鳶魚の家は千人同心に連なるが、天保の頃には商家になっていた。鳶魚の低評価は、自家が幕末を幕臣として迎えなかったことと無関係ではないだろう。しかし、鳶魚が嘆くように、この文章が書かれた一九三〇年頃から新選組の評価は上がってゆく。

新選組復権の先駆となったのが、子母澤寛『新選組始末記』（一九二八）の刊行だ。子母澤も御家人の家に生まれた。祖父の梅谷十次郎は彰義隊に加わり、箱館まで転戦した。『新選組始末記』には子母澤が創作した話も含まれるが、完全なフィクションではない。執筆に際して子母澤は新選組関係者への聞きとりを行い、敗者側の語りを掘り起こした。瞬く間に一〇版を重ねた同書は、その後の新選組本の参照点となった。そして現在まで続く新選組のイメージを決定づけたのが、一九六〇年代に連載刊行された司馬遼太郎の『新選組血風録』と『燃えよ剣』である。

續谷《つづきたに》真紀は、司馬作品では、虚構があたかも史実であるかのように巧みに織り込まれていることに注目する（「新選組「復権」への系譜」）。その結果、読者が単に受動的に語りを受容するのではなく、「主体的に過去の言説に立ち戻っていく現象」が生み出された。司馬作品は史実への欲望を生み出し、読者は、より深く新選組の世界に没入するようになったのである。

司馬の虚構と史実を織り交ぜるスタイルは、後の新選組フィクションにも引き継がれる。一九九七年、『別冊少女コミック』で渡辺多恵子『風光る』の連載が始まる。実際の新選組の活動期間をはるかに超えて連載が続いている。女性の新選組人気を高めた作品の一つである。

主人公・富永セイは、父と兄の敵討ちのため、男装して新選組に入隊する。他の隊士に女性だとばれないようにしながら、セイが実は女性だと知る沖田への恋心が中心に描かれる。沖田や土方だけでなく、近藤も斉藤一《はじめ》も山南《やまなみ》敬助も一途な性格で、それぞれの恋愛譚がつむがれる。一方で、たとえば池田屋事件の際に沖田が喀血したか否かなどについて、作者による綿密な考証がなされ、考察過程が巻末で明かされる。

司馬が確立した虚構と史実を織り交ぜるスタイル、つまり、詩学と史学の融合が新選組人気の理由の一つだ。はるか昔の赤穂浪士、ほとんど実態不明な四谷怪談や鼠小僧に対し、新選組が活動したのは一五〇年前にすぎない。たかだか三世代前の人々であり、隊士の一人であった池田七三郎（本名・稗田利八）は一九三八年まで生きていた。

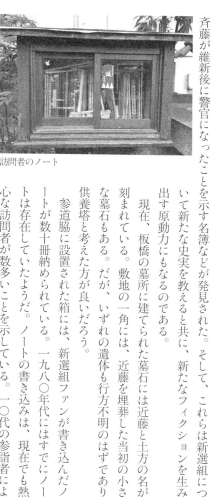

　時間的近さのため、近年になっても新たな新選組関連の資料が発見される。二〇〇〇年代だけでも、土方の横笛、流山で武運祈願のために奉納された木札、土方が屯所改善を訴えた記録、斉藤が維新後に警官になったことを示す名簿などが発見された。そして、これらは新選組について新たな史実を教えると共に、新たなフィクションを生み出す原動力にもなるのである。

訪問者のノート

　現在、板橋の墓所に建てられた墓石には近藤と土方の名が刻まれている。敷地の一角には、近藤を埋葬した当初の小さな墓石もある。だが、いずれの遺体も行方不明のはずであり、供養塔と考えた方が良いだろう。

　参道脇に設置された箱には、新選組ファンが書き込んだノートが数十冊納められている。一九八〇年代にはすでにノートは存在していたようだ。ノートの書き込みは、現在でも熱心な訪問者が数多いことを示している。一〇代の参詣者による「新選組のように自分の信じた道を誠の心を持って生きたい」といった言葉からは、フィクションが構築した新選組から、規範や倫理まで引き出されていることがうかがえるのである。

第七章
塔と聖地

1　塔の象徴性

†塔が意味するもの

高さのある建築や場所は宗教の空間構成において重要な意味を持つ。

日本に限らず、高い山の頂に神仏が宿るとする宗教文化は珍しくない。富士山が江戸の宗教文化に不可欠だったのは、何よりもその圧倒的な高さのためだ。かつて江戸では、意図せずとも富士が目に入った。その視界的な存在感が、富士を霊峰に仕立て上げたと言ってよい。

西欧を始めとするキリスト教世界でも、高さは聖なるものの表現手段であった。一二世紀、フランスでゴシック建築が生み出された。パリのノートルダム寺院、ケルン大聖堂などの傑作が残されている。ゴシック様式は、それまでのロマネスク様式に比べて、教会建築に圧倒的な細さと高さを与えた。屹立《きつりつ》によって他とは区別されるべき聖地であることを強調し、そこに神が臨在することが表現されたのだ。

空想力に富んだ宗教論を展開したミルチャ・エリアーデ(一九〇七〜八六)によれば、日常の俗なる空間は混沌としており、一貫性を欠いている(『聖と俗』)。俗なる空間には指標やオリエンテーションがなく、均質な空間がどこまでも広がる。要するに、意味づけのされていない空間だ。エリアーデは、俗なる空間の無意味性・均質性を打ち破るのが「中心」だと説く。聖なるものの力で生み出された絶対的な固定点だ。聖なる中心が定められることで、混沌とした空間に秩序がもたらされ、世界が方向づけられるのだ。

エリアーデの議論は、ランドマークの機能を詩的に説明したものだ。平板な風景の中に異形の建造物や特異な自然景観があれば、それとの距離感で他の位置が把握されるようになる。カオス状態の世界に座標を設定し、その基点となるのが中心なのである。

すでに述べたように、詳しい道路標識などがない江戸期には、寺社は移動に不可欠な目印でもあった。宗教施設は文字通り基点としての機能を果たしていた。そして、どこからも見える高層建築や高台の上の建造物、特に塔がランドマークになりやすいことは言うまでもない。

ロラン・バルトは、エッフェル塔を例に、視線の両性具有として塔の特質を説明している。

塔は街のいたるところから見えてしまうと同時に、塔からは街のあらゆるところが見渡せる。まなざしという点から考えると、塔には能動性と受動性の双方が指摘できるのだ。

ふつう、世界が産み出しているものは、二つの種類に分けられる。一つは、事物を見るためにだけ作られていて決して見られる側にはまわらない純粋に機能的な組織体(カメラや眼)、すなわち隠されたままになっているものにどうしようもなく結びつけられてきっぱりと見る側にまわる存在であり(これはのぞき屋のテーマである)、もう一つは、自分自身は盲目でひたすら視線にさらされるままになっているもの、つまり見世物のようなものである。ところが塔は(ここにこそ塔の運命的な力の一つがあるのだが)、この分離、この見ることと見られることというごく普通の区分を、超越する。いわば塔は、この二つの機能の間をいつでも自由に行ったり来たりすることのできる、視線の両性を具有する完全物なのである。(『エッフェル塔』)

バルトが高さが生み出した視線に注目したのに対し、M・R・アレクサンダーは、塔の内部空間について考察している。アレクサンダーによれば、塔は、他の建築とは異なり、内部空間を確保するために造られるわけではない。塔の内部空間は上方を目指した結果の副産物にすぎない。塔の目的は、まさに高さそのものにある。したがって、塔は一見実用的であるが、実のところ「建築以前のもの」であり、非現実的かつ精神的な目標を持つのである（『塔の思想』）。

江戸東京には多くの塔が造られてきた。以下でとり上げるものの中には、「塔を造る」という目的ではなく造られたものもある。だが、製作側にそのような意図がなくとも、否応なしに視界に入ることで、地域や場所を象徴するものとして読解されてしまうのである。

†江戸四塔

仏教建築には三重塔や五重塔という様式がある。古代インドで釈迦の遺骨を納めたとされる仏舎利《ぶっしゃり》塔に由来する。伝説では、釈迦の遺体は荼毘に付され、その遺骨（舎利）は八カ国に分けられ、それぞれに塔が建てられた。元々、仏舎利塔は饅頭型で造られ、現在でもアジア諸国ではドーム状で造られることが多い。

日本では、仏舎利塔は五重塔として造られてきた。国宝や重文に指定されたものだけでも、法隆寺・東寺・羽黒山・興福寺・日光東照宮・仁和寺《にんなじ》の五重塔などが思い浮かぶ。だが、日本以外ではありふれているわけではない。五重塔は中国・朝鮮半島を経由して伝来したが、韓国には木造の五重塔は一つしか現存しない。国宝の法住寺の捌相殿《べつそうでん》だ。一六二四年に造られたものので、古いものではない。

また、海外の五重塔は各層の幅が必ずしも一定ではない。捌相殿に特徴的なように、下層に行くほど幅が広くなるものもある。日本の五重塔は高さに比べて接地面が狭く、各層の幅がそろえられている。要するに、細く高く造られたものが多いのだ。

伊東忠太は「日本佛塔建築の沿革」において、奈良期から徳川期までの五重塔を概観している。伊東によれば、時代と共に凝った装飾や精神的意味は減るが、それを補うように工法や技術は進歩した。だが、全体として見ると特に大きな変化はないという。結論で、伊東は、日本最古の法隆寺五重塔と一八一八年に建てられた日光五重塔を比較して次のように述べている。

其プロポーションに於て顕著なる差異を発見するも、其大体に於ては即ち畢竟同一物のみ。其スタイルは即ち全く同一なり。我国の塔は其他の一般の宗教建築と共に千余年間唯一のスタイルを守り来りしものにして、如斯《かくのごとく》は世界未た曾《かつ》てあらざる所なり。是故に形式手法の変遷古今比較的に激しからす、終に今日に到りたり。

日本の五重塔は同じスタイルで作られ続け、そうであるがゆえに建築技術が蓄積された。したがって、五重塔はヨーロッパの「クラシック又はゴシックの如き大スタイル」と比べてもまったく遜色ないというのだ。後述するように、五重塔を日本の建築技術の高さの象徴とする考え方は、現在まで引き継がれている。

五重塔は、長い間、日本国内では屈指の高層建築だった。一九三〇年当時、日本でももっとも高い建物は日本橋の三越本館（約六〇メートル）であった。それに次ぐのが、東寺五重塔（約五五メートル）、興福寺五重塔（約五〇メートル）なのである。三越本館が一九一四年に竣工した近代建築であるのに対し、東寺五重塔は一六四四年（最初に建てられたのは九世紀末）、興福寺五重塔は一四二六年頃（同じく七三〇年）であることを考えると、建築物として五重塔がいかに際立った存在であったのかが分かる。

一九三〇年代、東京府は、府下の保護すべき史跡遺物の調査を行った。その成果は『東京府史蹟保存物調査報告書』として複数冊にまとめられたが、そのうちの第九冊が『府下に於ける佛塔建築』である。同報告書の冒頭では、東京府下の塔建築が概説される。現在でも遺構が残る武蔵国分寺の塔などが言及されるが、報告書作成時点で、そのほとんどが失われていた。そして、当時残っていた仏塔として、次の七つが挙げられる。

本門寺五重塔（一六〇八年造立）　寛永寺五重塔（一六三九年造立）
宝仙寺三重塔（一六三六年造立）　浅草寺五重塔（一六四八年造立）
天王寺五重塔（一七九一年造立）　増上寺五重塔（一八〇九年造立）
本門寺多宝塔（一八二八年造立）

概説を執筆したのは早稲田大学助教授の田邊泰（一八九九〜一九八二）である。田邊は、伊東に師事した建築史家だ。それまでの関西偏重の研究趨勢《すうせい》に対して、いち早く日光など関東の寺社を再評価する研究を行った人物である。

田邊によれば、右の七塔はいずれも江戸期に造られたが、これらは「伽藍の中心的のものとならず単に付属物として経営」されてきた。そのため、奈良などの「古代仏塔と比較して壮重・雄大の威に乏しい」。とはいえ、江戸期には建築技法が大きく発展し、装飾手法にも独自性が生み出され、どれも「桃山豪華の余韻」を留めたものになっているとしている。田邊が挙げた七塔のうち、寛永寺・浅草寺・天王寺・本門寺（または増上寺）の五重塔が江戸四塔と呼ばれて親しまれてきた。

2　徳川聖地の塔

†旧寛永寺五重塔

江戸四塔の中でも比較的古い姿を保ち続けているのが旧寛永寺五重塔（台東区上野動物園内）

である。第三章で論じたように、寛永寺は徳川聖地としてデザインされ、明治以降は江戸的なもの、旧幕的なものを象徴する場所となった。

寛永寺の最初の五重塔は、開創から間もない一六三一年に造立された。薬師堂からの出火で延焼するが、一六三九年に再建された。再建工事を仕切ったのは甲良《こうら》一門だ。初代・宗広（一五七四〜一六四六）は慶長大地震で被災した伏見城の修築などを行い、家康が幕府を開いてからは作事方大棟梁となった。寛永寺五重塔の尖端にある相輪《そうりん》の根本部分には、宗広は大工として、二代目・宗次は棟梁として名が刻まれている。二人は日光東照宮の大造替も担当しており、寛永寺の五重塔造立が幕府にとっていかに重要事であったのかがうかがえる。

五重塔は上野戦争でも破壊されることなく、幸い現在まで残されている。一八八九年には、東京開府三〇〇年祭を機に、「最後の剣客」と呼ばれた榊原鍵吉（一八三〇〜九四）が五重塔前で奉納撃剣を行った。麻布の御家人の家に生まれた榊原は直心影流《じきしんかげりゅう》を修め、幕府の剣術教授方になった人物だ。維新後は、寛永寺からほど近い下谷車坂に道場を構えた。剣術の衰退を嘆き、撃剣会を興行として成功させ、その利益を士族救済にあてたことでも知られる。

一九一一年、寛永寺・浅草寺・本門寺の五重塔が特別保護建造物に指定された。しかし、伊東、田邊師弟の議論が示すように、江戸期の五重塔の美術的価値の低さは、当時、通説として共有されていたようだ。指定をうけて、読売新聞に「徳川時代の五重塔」という評論が掲載された。評者は、「世界の美術国」と言われる日本の帝都が、近年、洋風建築のために醜悪卑俗になりつつあり、日本建築が指定を受けたことは良いことだとする。しかし、いずれの五重塔も徳川時代のものであることを批判する。これらは推古、天平といった時代の建築と比べると、美的価値が低いというのである。もっとも古い推古時代の法隆寺が「天下一品」であり、時代が下るとともに価値は低下する。五重塔の落ちつき、高さと幅の釣り合い、そして木割りや細部の三つの点で、徳川時代の五重塔は劣っている。そして、法隆寺の塔を功一級とすれば、東京の三塔は「功八級位なもの」だと結論づけられるのである。

米軍の空襲にも耐えた寛永寺五重塔は、都内屈指の古建築として、一九五七年一二月、永久保存されることになった。同年七月、次にとり上げる谷中五重塔が焼失したことと無関係ではないだろう。寛永寺が東京都に五重塔を寄付して保守をまかせ、その代わりに塔周囲の敷地ごと動物園に加えることになったのだ。

一九五〇年代当時、上野動物園は、戦争で激減した動物の種や数において世界屈指のレベルをとり戻し、一日四万人という世界一とも言える入場者数を誇るようになっていた。この復活をうけて持ち上がったのが、五重塔を動物園に吸収する案だ。塔の周囲に鹿を放し飼いにした和風庭園を造り、奈良の風景を再現しようという構想だった。戦後になって奈良を上野に写そうとする試みに、徳川聖地の破壊と再構築という明治維新的な意図があったかどうかは分からない。だが、寛永寺五重塔は、否応なしに江戸や徳川を表現してしまう。だからこそ、東照宮と共に動物園への吸収という経緯をたどったことは間違いないだろう。

当時から五重塔を吸収すれば、園内に国宝級の建築を有する稀な動物園になることが話題になった。動物園からすれば面白い状況だが、寺院建築という観点からすれば、奇妙と言わざるをえない。現在でも、東照宮側から五重塔を見上げても、樹木に邪魔されて下層は見ることができず、動物園内からしか全貌はうかがえない。旧寛永寺五重塔の数奇な景観には、江戸東京の歴史が刻まれている。

†谷中五重塔跡

天王寺は上野台地の北端に位置する（台東区谷中七丁目）。かつては寛永寺と敷地を接する大寺院であり、現在の谷中霊園も元々は天王寺の境内であった。

天王寺はかつて感応寺《かんのうじ》といった。一二七四年開創の古刹だが、日蓮宗の不受不施派《ふじゅふせは》に属していた。不受不施派は日奥（一五六五〜一六三〇）が開いたもので、法華経信者以外からの布施を受けず、また与えないという過激な立場をとったために幕府から弾圧された。感応寺も一六九八年に天台宗に改宗され、後に名も天王寺に改められた。

強制改宗前の一六四四年、同寺には五重塔が建立されたが、明和の大火（一七七二）で焼失してしまう。その後、一七九一年に再建された塔が戦後まで存在していた。再建を担ったのは、八田清兵衛の大工組であった。そして、清兵衛をモデルに名作を書き上げたのが幸田露伴《こうだろはん》（一八六七〜一九四七）である。

露伴の生家は、現在のアメ横からほど近い下谷三枚橋にあった。上野の山まで容易に歩いて行ける距離だ。首都高やビルがない頃には、寛永寺と天王寺の二つの五重塔が家の近くから望めたかもしれない。幸田家は江戸城内で大名や諸役の給仕・取次をした表坊主の家系である。大学卒業後、露伴は北海道余市で電信技師としてしばらく働いた後、文学を志して東京へ戻った。その後、一八九一年から二年間、露伴が居を構えたのが谷中天王寺町（現・谷中七丁目）であった。谷中霊園と接しており、五重塔とは指呼の間である。この家で露伴は作家としての地位を確立する『五重塔』（一八九三）を執筆した。

『五重塔』の主人公は、清兵衛をモデルにした十兵衛という大工である。十兵衛は、腕は良いが人づきあいや世渡りが下手で、仲間から「のっそり」というあだ名で呼ばれていた。そして、感応寺の五重塔が再建されることになるが、仕切るのは源太という川越の有名棟梁の予定であった。源太は前に行われた寺の工事も見事に成し遂げていた。また、人望もあった。そして、そもそも十兵衛は源太の下で働いており、十兵衛の親方でもあった。

しかし、のっそりの十兵衛が五重塔の再建工事をやりたいと住職に願い出る。その頼み方も、

「舌の動きもたど〳〵しく、五重の塔の、御願に出ましたは五重の塔のためでござります、と藪から棒を突き出したやう」な言い方だった。当然、源太の弟子や大工仲間たちはそのことに怒る。住職のところに二人が呼ばれ、どちらが建てるかを話合う。源太は譲歩して二人で造ることを提案するが、十兵衛はそれすら拒否する。結局、「天晴十兵衛汝が能く仕出来しさへすりや其で好のぢや、唯々塔さへ能く成《でき》れば其に越した嬉しいことは無い」と言って親方である源太が譲り、十兵衛が工事を仕切ることになった。

いざ工事が始まると、十兵衛は憑かれたように仕事に打ち込んだ。だが、源太の弟子たちの怒りは収まらない。そしてある日、源太の弟子の清吉が暴走して、工事中の十兵衛を襲撃する。大工道具の手斧で十兵衛に斬りつけたのだ。十兵衛は左の耳を失い、肩先まで傷を負う。しかし、十兵衛は翌日も朝から現場へ出かけてゆく。その姿を見て、それまで十兵衛を陰で馬鹿にしながら働いていた大工たちも仕事に励むようになった。

こうして十兵衛によって五重塔が再建された。「金剛力士が魔軍を睥睨《にら》んで、十六丈の姿を現じ坤軸《こんぢくゆる》動がす足ぶみして巌《いはほ》上に突立ちたるごとく、天晴立派」な塔が完成した。しかし、物語終盤、出来たばかりの五重塔を嵐が襲う。周囲の建物は吹き飛ばされ、五重塔は風に揉まれ、木の軋《きし》む音が響き渡った。誰もが倒壊すると心配した。

しかし、十兵衛だけは、己が命をかけた塔が倒れるはずがないと信じ抜く。嵐の中、十兵衛は五重塔へ駆けつけ登ってゆく。

上りつめたる第五層の戸を押明けて今しもぬつと十兵衛半身あらはせば、礫を投ぐるが如き暴雨の眼も明けさせず面を打ち、一ツ残りし耳までも扯《ちぎ》断らむばかりに猛風の呼吸《いき》さへ為せず吹きかくるに、思はず一足退きしが屈せず奮つて立出でつ、欄を握《つか》むで屹と睥《にら》めば天《そら》は五月《さつき》の闇より黒く、たゞ囂々《ごうごう》たる風の音のみ宇宙に充て物騒がしく、さしも堅固の塔なれど虚空に高く聳えたれば、どう〳〵どつと風の来る度ゆらめき動きて、荒浪の上に揉まるゝ棚無し小舟のあはや傾覆《くつがえ》らむ風情、流石覚悟を極めたりしも又今更におもはれて、一期の大事死生の岐路《ちまた》と八万四千の身の毛竪《よだ》たせ牙咬《かみし》定めて眼《まなこ》を睜《みは》り、いざ其時はと手にして来し六分鑿《のみ》の柄忘るゝばかり引握むでぞ、天命を静かに待つとも知るや知らずや、風雨いとはず塔の周囲《めぐり》を幾度となく徘徊する、怪しの男一人ありけり。

この嵐で浅草寺や増上寺の五重塔も破損したが、十兵衛の塔は一寸一分も歪むことはなく、腕に間違いなかったことが証明された。そして結末、嵐の中、十兵衛が決死で立てこもる五重塔の周囲にいたのは源太であることが示唆される。落成式のシーンでは、源太、十兵衛と共に塔に上った住職が「江都《こうと》の住人十兵衛之を造り川越源太郎之を成す」と書き、二人が平伏してそれを拝んで物語は終わる。

実際の谷中五重塔は総ケヤキ造りで、高さ約三四メートルだった。懸垂式の心柱《しんばしら》を持つ珍しい構造だ。心柱とは五重塔の中心部にそびえる柱だ。たいていの五重塔では、心柱は地面に固定されているが、谷中や浅草寺の五重塔では、心柱は地面と接しておらず、宙に浮いた状態になっていた。宗教的な意味と共に、免震構造としての役割があるとされている。

工事を担ったのは、清兵衛の弟子・息子・実弟など五〇名ほどであった。清兵衛は湯島に住んでいたが、江戸の大工ではない。近江高島郡の出身だ。琵琶湖に近い高島郡は木材の集積地で古くから大工の集落があり、優れた技術が蓄積されていた。そうした技術が使われたため、江戸でも目を引く五重塔が完成したのである（森田徹也ほか「谷中五重塔をたてた大工八田清兵衛の系譜について」）。

†塔のかげ

上野戦争の際、天王寺は彰義隊の陣の一つとなり、攻め込んだ長州軍に放火されたが、幸いにも五重塔は燃やされなかった。日沼滉治は、明治に引き継がれた五重塔に、幕臣の血を引く露伴が投影した江戸人の悲哀を読み込んでいる。

寛永寺の伽藍の多くは薩長軍に焼き払われ、天王寺五重塔が残された。露伴が『五重塔』の新聞連載を始めたのは一八九一年だ。第三章で述べたように、その少し前の一八七九年になってようやく寛永寺復興が認められ、川越から喜多院が移設されて新たな本堂となった。清水観音堂などは放置されたままであった。

　興廃する聖地上野にあって、露伴が見たのは、十兵衛と同じように世の変化についていけずにとり残された天王寺と寛永寺であった。そうした中で「焼け跡にたたずむ五重塔」は剛毅で愉快な反面、「不遇の趣きを伴」って露伴には見えた。日沼は源太が川越の大工と設定されたのは喜多院移設を連想させ、作中、住職の名が朗圓上人とされたのも、寛永寺の名僧・円朗の名を逆にしたものだと推理する。そして、かつての寺名である感応寺が用いられたのも、音の響きが寛永寺と近いからではないかとしている（『露伴十九章』）。

「1893年頃の谷中五重塔」（『東京景色写真版』）

　谷中五重塔は、露伴にとっては江戸を喚起する数少ない手がかりであったが、明治以降、日本建築のシンボルの一つになる。一八七三年、ウィーンで開かれた万博には、伊勢神宮や大名屋敷と共に、谷中五重塔の十分の一の模型が出展された。維新直後から日本を象徴する塔建築に位置づけられていたことが分かる。一九〇四年のセントルイス万博は、日露戦争中ということもあり、展示には国家の威信がかかっていた。日本庭園、寝殿造りの建物、金閣などが建てられ、これらと共に谷中五重塔の模型が造られたのである。

五重塔は一九〇〇年代に天王寺から東京都に寄贈された。子供が遊ぶ時には塔内に入り込めるなど、出入りも比較的自由であった。しかし、それが裏目に出てしまう。一九五七年七月六日未明、塔は炎に包まれる。塔内からは男女二人の焼死体が発見された。持ち物から二人の身元が特定され、心中にともなう放火であったことが後に判明する。

露伴はすでに亡くなっていたが、火事の最中、娘の幸田文《あや》（一九〇四〜九〇）が匿名電話で五重塔が燃えていることを知らされ、慌てて駆けつけている。消火活動も行われたが、放水は三層以上には届かず、二時間足らずで焼け落ちた。火事から二日後、文は「塔のかげ」という文章を読売新聞に寄稿している。

何の木だか、木の上に火事がみえた。あらかた落ちた庇の腕木が、黒く骨になって赤い焔にまといつかれていた。それを見たらかけ出した。お墓へふみ入って突き抜けて走り、ほんの三四尺の高みをのぼろうとして滑り、かたえの石垣にすがったら、崩れて垣石を抱いてこ

ろんだ。あら危い、と助けてくれた人に礼をいわなかった。(中略)表側は庇が落ちか丶って
ことに惨めだった。そのうち心柱がぐらっと傾き出して人が声をたてた。五層からぱら〳〵
と小骨が落下して火の粉が散った。死体があったことは、出直しても一度行ったときいた。
何と思うかときかれたが、返事ができなかった。平安にしている時の、父の顔を思った。

文に言わせれば、露伴が最初に亡くなった。次に塔が燃え尽きて影になった。そして露伴の文体も通用しなくなりつつあった。『五重塔』は露伴の代表作となったが、露伴自身、執筆後は五重塔を訪れることはほとんどなかった。文も戦前には二度しか塔を見ておらず、露伴の死後、文学紀行が盛んになり、それに付き合う形で訪れただけであった。

谷中五重塔の礎石

現在、谷中墓地の一画に五重塔の礎石だけが残されている。すぐそばには火災前後の写真も数葉掲示されており、それだけが当時の姿を伝えている。一九八〇年代以降、何度か谷中五重塔の再建話が持ち上がった。一九八八年には

五重塔の実測図が発見され、完全復元を目指した再建運動が行われた。焼失から五〇年後の二〇〇七年には、地元町会が呼びかけて、再建のための署名活動が行われた。この時には、五重塔と同じ高さのアドバルーンが揚げられた。谷中五重塔は、一般的な建築物としての機能を果たさない塔が、地域のアイデンティティに深く組み込まれた例である。

3　塔の街

†浅草寺五重塔

浅草寺（台東区浅草二丁目）は東京最古の寺とされる。伝説では、六二八年、檜前浜成《ひのくまのはまなり》と竹成《たけなり》の兄弟が隅田川で漁をしていたところ、網に観音像がかかった。一寸八分（約五・五センチメートル）と小さかったが、荘厳な像であった。しばらくは現在の駒形堂付近に祀られていたが、六四五年、勝海上人が現在地に本堂を建てて祀ったとされる。

浅草寺の本尊は秘仏とされてきた。人目に触れることがないのだ。像は厨子《ずし》の中に安置されているが、厨子が朽ちてくると、新しいものを作り、その中に古い厨子ごと移された。そのため、わずかな間も人目に触れず、歴代住職ですら誰も見ていないという。しかし、その割には、一寸八分というやけに正確な数字が伝わっているのは面白い。隠語で女陰を一寸八分の観音様と呼ぶのと関係があるのかもしれない。いずれにせよ、浅草寺の観音の霊験の高さは瞬く間に広まり、江戸の権力者たちにも崇敬された。

爾来《じらい》今日まで一千二百余年の間に、京都から赴任した武蔵守（観音様と初代の武蔵守とは、ほとんど同時に江戸へ現われた）をはじめ、源義朝、同頼朝、尼将軍平政子、足利尊氏、北条氏綱、太田道灌、徳川家康等の諸武将、平生は大きな顔をしていても、何かことがあれば、すべて一寸八分の観音様の前に拝跪して、開運出世を願わざるはなく、観音様は、そのつど寺領塔堂を加え、金帛《きんぱく》調度を増し、武蔵守も頼朝も道灌も、残るくまなく消滅した今日まで、いよいよ栄え、いよいよ験著《いやちこ》に光り輝いて、紅梅焼、活動写真とその人気を競われている。

（矢田挿雲『江戸から東京へ』二）

歴代の権力者たちの中でも、浅草寺創建と深く関わるのが平公雅《きんまさ》（生没年不詳）である。公雅は将門の血縁だが、鎮圧側に回った人物だ。伝説では、公雅が安房守の時、さらなる出世を願って浅草寺にお百度を踏んだ。その甲斐あってか、前任の藤原秀郷が亡くなり、間もなく武蔵守に任ぜられた。その御礼として、将門の乱で荒廃した浅草寺を再興し、九四二年、本堂・五重塔・雷門などを建立したとされる。以来、浅草寺は何度かの火災にあいつつも、その都度、再建されてきた。特に徳川家光が寄進した本堂や五重塔は旧国宝にも指定されていた。

維新後の浅草寺五重塔は、内部に賊が住み着いたり、外務省の火事を見るために群衆が殺到して入場料が値上げされたり、三層目から見物客が落ちて気絶したり、塔の夜警の提灯が隅田川対岸から火の玉に見間違えられて騒ぎになるといった牧歌的なエピソードで彩られている。もっとも注目すべきは、他の五重塔と共に、耐震実験の対象になったことだろう。

本章冒頭で述べたように、五重塔を日本建築の技術力の高さのシンボルとする考え方がある。その論拠となるのが五重塔不倒神話である。五重塔は全国にいくつもある。火事による焼失は珍しくないが、五重塔が地震で倒壊したという記録は残されていないのである。

現在では、五重塔に多くの耐震設計が組み込まれていることが明らかになっている。五重塔不倒神話の科学的解明の先鞭をつけたのが、東京帝国大学地震学教授の大森房吉（一八六八〜一九二三）だ。一九二一年、大森は「五重塔の振動に就きて」を発表した。この論文は、法隆寺・東大寺・寛永寺・池上本門寺・日光・浅草寺の五重塔の耐震実験を報告したものだ。その中で大森は、浅草寺について、現代のＴＭＤ（チューンド・マス・ダンパー）という地震の揺れと同調する重りによって振動を制御する構造を指摘している（河合直人「五重塔振動調査」）。

浅草寺五重塔は関東大震災に耐え、一九三七年にも耐震実験が行われた。この時期には、濃尾大地震（一八九一）に耐えた名古屋城天守閣と共に、浅草寺五重塔は建築上の東西二不思議と呼ばれるようになっていた。とはいえ、当時の五重塔は国宝であったため、なかなか調査が認められなかった。そこでまず、名古屋城天守閣で成果をあげ、浅草寺についてもようやく実験許可が出されたのである。

地震には強い五重塔であったが、東京大空襲で焼失する。だが、この空襲が浅草寺の創建年代に関する重要な資料を提供することになる。伝説では、浅草寺は推古期に創建され、平安期に公雅が再興したとされるが、学術的には漠然と鎌倉期以降の創建だと予想されてきた。一九三二年に東京市役所が刊行した資料でも、浅草寺創建を推古期とするのは「仏教渡来後四分三世紀ニ過ギズ、厩戸皇子ノ薨後十年ヲ出デズ、国分寺創建時前百年」のため、信憑性がないとしている（『東京市史稿』）。

しかし、空襲で焼失した本堂跡から布目瓦が発見され、それをきっかけに発掘調査が行われた。その結果、土師器・須恵器・中世陶器・和同開珎などが見つかり、浅草寺の創建年代は平安中頃から奈良期にさかのぼりうることが分かった（坂詰秀一「浅草寺創建年代考」）。こうして浅草寺が都内だけでなく、関東最古の寺院である可能性が出てきたのである。

†新五重塔と幻の塔

浅草は東京の中でも塔の多い街だ。

浅草寺五重塔の他に、浅草十二階と呼ばれた凌雲閣《りょううんかく》があったことは知られているだろう。一八九〇年に建てられた。五二メートルという高さは当時破格のもので、十二階からは富士はもちろんのこと伊豆・丹沢・上毛・日光まで見渡せた。日本最初のエレベータも設置されたが、関東大震災で一部倒壊し、陸軍によって爆破解体された。

凌雲閣からほど近い花屋敷では、一八八八年、奥山閣《おうざん》が登場する。本所の材木商が所有していた五層の楼閣を移築したものだ。大震災で倒壊するまで、凌雲閣と人気を二分した。さらに、雷門通りと国際通りの交差点に建てられたのが仁丹塔《じんたんとう》である。大阪の医薬品会社の森下仁丹が広告塔として設置した。大震災後の一九三二年に建てられたが、戦争中、金属類回収令のために撤去された。こうして戦後の浅草からは、五重塔も含め、すべての塔が消えてしまった。

最初に再建されたのは仁丹塔だ。一九五四年、凌雲閣を模して約四五メートルの塔が建てられた。戦前のものに比べ三倍の高さになったが、あくまで広告塔であり、一般人が入ることはできなかった。一九五〇年代には、広告塔の高さを土台の三分の一に制限するという条例ができ、仁丹塔を短くするという話も出たが、地域住民の陳情で残された。雷門通りからの見栄えも良く、長く浅草界隈のシンボルだったが、耐用年数が尽きたため、一九八六年に解体された。浅草寺境内には、一九六〇年代になってようやく塔が建てられたが、五重塔とは似ても似つかない塔だった。一九六七年の開業当初は東京スペースタワーと呼ばれたが、間もなくポニータワーに改称された。株式会社ポニーキャニオンの前身の会社が出資しており、その名が冠されたのだ。ポニータワーは一一〇メートルあり、スイス製の回転昇降式の展望台が上下するという近代的なものだった。

しかし、ポニータワーの経営はすぐに行き詰まった。当初からむき出しのコンクリートが寺の景観を損ねるという批判が強かった。さらに高さが売りだったが、一九五八年にはすでに東京タワー（三三三メートル）が完成していたし、一九六八年には日本初の超高層ビル霞が関ビルディング（一四七メートル）が竣工した。その結果、展望塔としてのインパクトも弱く、業績不振となったのだ。ちなみに、霞が関ビルの設計建築を指揮した武藤清（一九〇三〜八九）は、東京帝大の学生の頃に関東大震災にあい、その最中、無傷で残った寛永寺五重塔の姿を見ており、それが超高層ビルの設計を志したきっかけになったと伝えられる（河合、前掲論文）。

そして、一九六八年、浅草寺五重塔の再建話が持ち上がり、一九七三年一〇月二二日に完成した。ポニータワーの方は、親会社のフジテレビ社長が浅草寺参拝の際、タワーのみすぼらしさに驚いたことが決定的となり、五重塔の完成前に解体工事が始められた。

浅草寺の宝蔵門と五重塔

新五重塔は姿形こそ伝統的だが、技術的には新しいものが数多くとり入れられていた。鉄筋コンクリートで造られ、以前よりも一五メートルほど高くなった。そして、屋根の素材をめぐっては、寺全体を巻き込む論争も行われた。当初、屋根には伝統的な土瓦が用いられるはずだったが、軽量で耐久性のあるアルミ合金が候補に挙がったのである。

浅草寺内は土瓦派とアルミ派に二分された。土瓦派は、飛行機や食器に使われるような素材を用いるべきではないという主張だ。一方、アルミ合金派は、そもそも仏閣はその時代の最高技術を集めて造られてきたのであり、現代にはアルミ合金こそふさわしいと反論した。関東以北の寺院には銅で屋根を葺《ふ》いているところも多く、金属蔑視は不当だと主張したのだ。

屋根瓦問題委員会まで組織されて論争が続いた。

結局、アルミ合金メーカーが見た目は土瓦と遜色ない瓦を開発し、それを採用することが一山会議で決定された。その後、二〇〇七年には宝蔵門、二〇〇九年からは本堂の改修工事が行われたが、この時にはチタン成型瓦が用いられた。再建時の方針が引き継がれていると考えて良いだろう。

ポニータワーと五重塔の交代は、浅草そのもののイメージの転換を象徴している。戦前の浅草は、凌雲閣に加えて、劇場・映画館・演芸場・カフェが立ち並ぶ新しい文化の発信地であった。そのイメージを踏まえれば、五重塔の不在を埋めるように造られたポニータワーは、そこまで的外れでもなかったはずだ。宇宙やスイス製といった最先端の表象は必ずしも浅草のイメージと反発しないはずであった。

しかし、戦後、浅草は斜陽の街として語られるようになり、徐々に下町情緒や江戸文化を売りにするようになった。ポニータワーが五重塔に駆逐された一九七〇年代は、浅草が自己イメージとして伝統的なものを選びとった転換期であった。東京スペースタワー、ポニータワーという名称、タワーのデザイン、スイス製展望台などは伝統的なものへの回帰を決めた街にはそぐわず、排除されたと言って良いだろう。

4　異国につながる塔

†ニコライ堂（東京復活大聖堂）

一八九一年、神田駿河台（現・千代田区神田駿河台四丁目）に東京復活大聖堂が竣工した。日本で初めてのビザンチン様式の建築だった。日本に正教会のキリスト教を伝えた宣教師の名にちなんでニコライ堂と通称されている。

ザビエルによる伝来以来、日本ではキリスト教徒は常に少数派だ。「一パーセントの壁」と言われるように、キリスト教徒の割合が総人口の一パーセントを超えたことがないとされている。とはいえ、カトリックやプロテスタントは一定のイメージを形成している。都内に限っても、上智大学・聖心女子大学・明治学院大学・立教大学といった名門大学が古くから存在感を示してきた。一方、ニコライ堂を首座とする正教会の宗教文化はあまり知られていない。

一八六〇年、イヴァン・カサトキンは、ペテルブルグ神学大学卒業と共に修道の誓いを立て、名もニコライと改めた（ニコライの事績については長縄光男『ニコライ堂小史』を参照）。そして翌年、幕末の箱館に領事館付きの司祭として着任した。これ以降、二度の短い帰国を除き、ニコライは五〇年にわたり、日本での正教伝道に人生を捧げた。

最初の信徒になったのは、意外にも、箱館神明宮の神主だった沢辺琢磨《さわべたくま》（一八三四〜一九一三）である。沢辺が生まれた山本家は土佐藩郷士の家だ。坂本龍馬と血縁で、共に武市半平太《たけちはんぺいた》の下で学んだ。だが、江戸での悶着が原因で脱藩し、流れ着いた箱館で神社に婿入りしていたのだ。神主になっても沢辺の壮士気質は抜けず、尊王攘夷を掲げ、殺害する覚悟でニコライを訪れた。だが逆にニコライに説諭され、最初の信徒になったのであった。

これ以降、日本ハリストス正教会は、北海道から東北へと南下しながら教勢を拡大してゆく。そして、伝道拠点が置かれていた駿河台に大聖堂が築かれることになる。一八八四年の着工時、各地で伝道を行う教役者が苦しい生活を送っているにもかかわらず、膨大な資金を投じて教会を造ることに強い批判もあった。特に反発したのが沢辺だった。有志義会を組織して、ニコライに撤回を求めたが、後にニコライの意図を理解し、教会建設のために奔走するようになった。

こうして一八九一年、駿河台の高台にドーム尖端まで三五メートルもある聖堂が出現した。建設資金は日本人信徒の献金だけではまかなえず、ロシアからの寄付金が大きかった。前年に完成した鹿鳴館が総工費一八万円だったのに対し、ニコライ堂には、それを大きく上回る二四万円が費やされた（池田雅史『ニコライ堂と日本の正教聖堂』）。

今では想像がつかないが、ニコライ堂は当時では東京屈指の高層建築だった。教会の上から

「1900年頃のニコライ堂」(『日本之名勝』)

は近県七、八県を見渡すことができ、東京府下の写真集を作る企画も生まれた。建設中から皇居を見下ろしかねないと批判もされた。不敬を理由に建設工事の妨害も行われたが、それを収めたのが壮士あがりの沢辺であった。このように、当初は高台に出現した異国風の高層建築に対する反発もあったが、次第に東京名所としてもてはやされるようになった。

教会内部はカトリックやプロテスタントの空間構成とは異なる。正教会では、聖なる空間と俗なる空間がより厳格に区別される。まず、教会の玄関に相当する啓蒙所と呼ばれる部分がある。その先に信徒が祈るための聖所と呼ばれる空間が広がる。そして、その奥には祭壇が置かれ、パンとワインをイエスの血肉に変える聖変化が行われる至聖所がある。聖所と至聖所の間はイコンで覆われた聖障によって遮られ、一般信徒は入れないようになっている。

東京でも第一級の建築として完成した教会だが、雲行きの怪しい日露関係にさっそく巻き込まれる。教会を聖別する成聖式から二カ月も経っていない一八九一年四月末、ロシア皇太子ニコライが長崎に上陸した。皇太子は鹿児島を訪れた後、神戸に入港して京都にいたる。

†ふたりのニコライ

「1911年頃のニコライ堂の聖障」(『東京風景』)

その翌々日の五月一一日、警察はかねて壮士たちの挙動に細心の注意を払っていたが、結局、事件は警官によって引き起こされた。大津事件である。琵琶湖遊覧の帰路、現在の滋賀県大津市で警備にあたっていた巡査・津田三蔵が皇太子に斬りつけた。皇太子は側頭部に傷を負ったが、命にかかわるものではなかった。

事件翌日には明治天皇が京都の皇太子を見舞うために東京を出発した。駿河台の教会でも事件が伝わるとすぐに皇太子平癒の臨時祈禱が行われ、ニコライが京都の皇太子の元に旅立った。五月一七日には、教会の本尊にあたる聖像を皇太子に献上するため、信徒総代が京都に向かった。ニコライと会った皇太子は、傷が治ったら東京にできたばかりの教会を訪れたいと話したが、結局、東京訪問自体が中止された。五月一九日、皇太子が日本を離れる際、再度、明治天皇が神戸港のロシア軍艦に皇太子を見舞っている。

国力で圧倒的に劣る日本が大国ロシアの皇太子を傷つけたことで、日本全体が恐慌状態になった。そうした中、同年年末には、ニコライが日露関係についての演説会をするなど、ロシアとつながりの深い正教会に大使館のような働きが求められていた様子がうかがえる。

そして大津事件以降も、ニコライと教会は、政治的に重要な役割を否応なしに担ってしまう。日清戦争開戦後には、壮士が教会に乗り込みニコライとの談判を求めたり、教会に投石されるといった事件も起きた。こうした事情を鑑みてか、一八九四年八月にはニコライが全国の信徒に軍資献金を呼びかけ、自身も献金している。軍資献金は、宗教者としてのニコライの意にはそぐわないものだったはずだ。日本でようやく軌道に乗り始めた正教会を守るためのパフォーマンスと理解して良いだろう。

さらに一九〇四年、日露戦争が始まる。この時には、教会の土地がロシア公使館のものであり、日露修交が破綻した今、同地の権利関係はどのようにあるべきかといった議論も生じている。教会と関わる出版物の刊行も禁止され、日本人信徒による決議で、ニコライは信徒以外とは面会しないこととされた。

†冷戦と教会

ニコライの日本での活動はほとんどが困難の連続であった。ニコライ個人の問題というよりも、先に述べた「一パーセントの壁」が示唆するように、そもそも日本の宗教風土にキリスト教が馴染まなかったことがあるのかもしれない。

一八九七年、文科大学史料編纂助員の平出《ひらで》鏗二郎《こうじろう》(一八六九〜一九一一)は、当時の日本におけるキリスト教とニコライ堂についての印象を書き留めている。平出によれば、キリスト教は江戸期の禁制のために印象が悪く、さらに日本の宗教の核にある祖先崇拝をないがしろにするために受け入れられなかった。またキリスト教は、仏教がしたように日本土着の神々と仏を融合させたりもしない。その代わりにやっているのが、壮麗な教会の建築だという。

これが為めに教徒は会堂を壮に起して信徒を誘ひ(中略)、黌《こう》舎を設けて子弟を教化せんとし、或は群衆の場に辻談義をなすなど、誘導の法一に懈《おこた》らざれども、会堂に登る者も誠心以て信ぜず、黌舎に入る子弟も単に外人に就きて、鴃舌《げきぜつ》の語に熟せんとし、辻談義の席に立てる者に至つては暴罵を加へて去るなど、今の形勢を以て按ずれば、五十年の後に至るも、仏

徒百が一の信徒を得るや覚束なし。(『東京風俗志』上)

平出に言わせれば、日本におけるキリスト教の布教は真摯な信仰に基づくものではなく、威容だけを整え実態を欠いたものなのである。そして、キリスト教会のうちもっとも壮麗なものとして平出が名を挙げたのがニコライ堂である。

逆風とも言えるような社会情勢を乗り切り続けたニコライであったが、一九一二年二月一六日に死去する。心臓と腎臓を病んで聖路加病院に入院していたが、その数日前に体調不良を押し切って主教館に戻っていた。だが、寝床から落下して病状が悪化し、亡くなってしまったのだ。ニコライが葬られたのは谷中の天王寺墓地であった。

教会をさらに大きな危機が襲う。革命勃発でロシアからの送金が途絶え、瞬く間に財政難になったのである。当時、日本人信徒は三万人を超えていたが、その献金だけでは経費を賄えず、併設されていた神学校も閉鎖危機となった。一時は、東京市が教会を買いとり、公会堂・葬儀場・美術館にするといった案も検討された。当時、東京には美術館がなく、建築の美しさからニコライ堂が候補に挙がったのである。

結局は細々ながら自前で教会を維持することとなったが、間もなく関東大震災で大破する。鐘楼が倒れてドームを破壊し、貴重な蔵書ごと教会内部も焼けてしまった。一九二八年に大幅に補修され、この時の建物は第二次大戦中の空襲にも耐えた。一九九〇年代にも大規模な補修と洗浄が行われ、現在まで伝わっている。

しかし、戦後、ニコライ堂は再び土地所有権が絡む政治問題に巻き込まれる。背景には米ソ冷戦があった。ニコライの死後、主教の座はセルギイ（一八七一〜一九四五）が継いだ。大震災からの復興、戦時中の迫害に耐えたセルギイであったが、一九四五年八月一〇日に心臓麻痺で亡くなってしまう。当時、ソ連との国交は絶え、五日後に終戦となって米軍が進駐してきた。GHQはソ連の影響力を排除するため、日本正教会がアメリカ正教会とのつながりを強化するように働きかけた。

こうした事情から、一九六八年当時、ニコライ堂には米駐留軍の影響下にあるナゴスキーが四代目として着任していた。だが、日本正教会はこれに異議を唱える。ニコライ堂の大主教はモスクワ総主教が任命しなければならず、ナゴスキーに正統性はないというのだ。実際、アメリカとつながるナゴスキーはモスクワ総主教から破門されていた。そこで、日本正教会は、土地や建物を明け渡すことを求めた。その後、日本正教会の独立路線が決定され、日本人主教が着任することになった。米ソの問題を背景に独立を確保した形になったが、その後も教勢拡大は難しく、現在、信徒は一万人程度と見積もられている。

ニコライ堂ほど政治や戦争の影響を直に受け続けた教会もそれほどないだろう。幕末禁教下でのニコライの渡来、大津事件、日清戦争から冷戦に至る二〇世紀の諸戦争など、日本が体験した重大局面のほとんどに巻き込まれてきた。その理由の一端は、同教会が、東京の中心の高台に、ビザンチン様式の塔となって出現したことにあるように思われる。

5　川向こうの江戸東京

†荷風を混乱させた風景

一九一四年、慶應義塾大学文学部の文芸誌『三田文学』で永井荷風《かふう》（一八七九〜一九五九）の『日和下駄《ひよりげた》』の連載が始まる。荷風は春日《かすが》に生まれ、小日向《こひなた》の小学校、神田錦町の中高に通い、一ツ橋の東京外国語学校に学んだ。米国とフランスへの外遊を挟んだ後、築地・新宿・六本木などに暮らした。『日和下駄』は、文句なしに東京人といって良い荷風が江戸の面影を求めて東京市中を散歩した記録だ。

荷風は目的もなく散歩をしながら、「東京市街の急激なる変化」に驚き、幼少期に親しんだ江戸の風景がわずかの間に失われていることを嘆く。そんな荷風を特に混乱させたのが隅田川（大川）一帯である。

大川筋一帯の風景について、其の最も興味ある部分は今述べたように永代橋河口の眺望を第一とする。吾妻橋両国橋等の眺望は今日の処あまりに不整頓にして永代橋に於けるが如く感興を一所に集注する事が出来ない。之を例するに浅野セメント会社の工場と新大橋の向《むこう》に残る古い火見櫓の如き、或は浅草蔵前の電燈会社と駒形堂の如き、国技館と回向院の如き、或は橋場の瓦斯《がす》タンクと真崎《まつさき》稲荷の老樹の如き、其等工業的近世の光景と江戸名所の悲しき遺蹟とは、いずれも個々別々に私の感想を錯乱させるばかりである。されば私は此《かく》の如く過去と現在、即ち廃頽と進歩との現象のあまりに甚しく混雑している今日の大川筋よりも、深川小名木川より猿江裏の如くあたりは全く工場地に変形し江戸名所の名残も容易くは尋ねれぬ程になった処を選ぶ。大川筋は千住より両国に至るまで今日に於てはまだまだ工業の侵略が緩慢に過ぎている。本所小梅から押上辺《おしあげへん》に至る辺《あたり》も同じ事、新しい工場町として此を眺めようとする時、今となっては却《かえっ》て柳島の妙見堂と料理屋の橋本とが目ざわりである。

いたるところで東京が江戸を駆逐する中、千住から両国、本所小梅から押上あたりにかけては江戸的なものと東京的なものが混在していた。そのため、むしろ江戸的なものが目障りだというのである。

両国回向院の項で述べたように、隅田川は江戸東京の東端を区切る境界である。東京には、隅田川東岸に対して、その境界性を十分に意識しながら使われる「川向こう」という言葉がある。本所小梅から押上辺は、この都心目線の言葉が指し示す代表的な場所の一つなのである。さらに東にある江東区や江戸川区の辺りは、第二章で論じたように、伝統的な江戸には含まれないと言って良い。

と云うのも、私は平生何かにつけ江戸っ子ぶってはいるが、実際のその生まれは、恥ずかしながら江戸川区である。イヤ、そもそもは代々深川の在で、なればそこにとどまり続けていれば良いものを、私の父親が結婚を機に該地へ移ってしまったのだ。
東京オリンピック後に、急速に宅地化された該地へ新居を建てた軽率さの結果、私の生育の地はまこと不本意な場所に定められてしまった。(西村賢太『東京者がたり』)

中学卒業後は鶯谷を皮切りに、飯田橋・要町《かなめちょう》・板橋などに暮らした西村の右の言葉は、隅田川の東西の意識差を的確に言い表している。

✝東京スカイツリー

さて、本所小梅から押上の辺りには、現在、世界一高い塔が建っている。東京スカイツリーである。「浅草のスカイツリー」という風に紹介されることもあるが、隅田川が区切る東京の境界意識を考えると、これはまったくの見当違いだ。二キロメートル程度しか離れていないが、浅草は隅田川の「こちら側」であり、スカイツリーは「あちら側」なのである。

スカイツリーの下、現在の業平《なりひら》や横川は、かつて押上村、小梅村と呼ばれていた。村の西側には大名屋敷や御家人の家が立ち並んでいたが、押上村のあたりは百姓地が点在していた。そして、寺社も多く、それらは『江戸名所図会』でも集中的にとり上げられている。

荷風も名を挙げる柳島の妙見堂は、『江戸名所図会』では広大な境内の挿絵と共に「近世霊験著しとて、詣人つねに絶えず」と紹介されている。『江戸名所図会』が刊行された時代を生きた葛飾北斎（一七六〇～一八四九）と関わるエピソードも残されている。北斎は、他派の技能も学んだことで師の勝川春章から破門される。生活にも困窮し、絵師を辞めようと思いつめた。そんな折、妙見堂に二一日間参拝を続けたところ、満願の日に雷に打たれた。そして失神から目覚めた後、一気に人気絵師になったというのだ。妙見信仰は今も法性寺に引き継がれ、毎月一日には妙見さま大祭が行われている。

妙見堂からわずか三丁離れたところには最教寺があった。元寇の際、日蓮が蒙古退治を祈願して描かせた曼荼羅《まんだら》が保管されていたという。同寺は安政大地震、関東大震災で被災して高円寺に移転し、第二次大戦後にさらに八王子に移っている。他にも関東十八檀林の一つ浄土宗霊山寺、江戸期には本山との連絡役である触頭《ふれがしら》を務めた日蓮宗法恩寺なども残っている。

荷風の議論を敷衍すれば、押上村一帯は、江戸と東京、農村と都市、前近代と近代がぶつかりあう地域であった。そして、二一世紀の東京で、このような磁場を帯びた場所にスカイツリーが建てられたことは十分に興味深い。

スカイツリーの建設場所をめぐっては、台東区をはじめ港区・新宿区・豊島区・千代田区なども誘致を行った。墨田区が名乗りをあげたのは最後だった。決め手になったのは東武鉄道という建設主体が明確であり、工場移転で広大な空き地がすでに確保されていたことであった。一方、誘致については地元住民は知らされておらず、突然、世界最大のタワーが出現することを知らされる形になったのであった（中川大地『東京スカイツリー論』）。

スカイツリー建設の意図や意味はさまざまに読み解かれてきたが、中川が指摘するように「新タワーに土地柄や歴史性を盛り込みたいという意思」があったことは重要だ。それが端的に表れているのが、公募によって集められた名称候補だ。二〇〇七年の締切までに一万七〇〇〇件以上の応募があった。東京ＥＤＯタワー、東京スカイツリー、みらいタワー、ゆめみやぐら、ライジングイーストタワー、ライジングタワーが最終候補となったが、大江戸タワー、江戸タワー、下町タワーなども検討されていた。東京下町の復活をイメージした名称が候補になっていたのだ。

中でも、ライジングイーストタワーは面白い。第二章で述べたように、東京は西へと拡大してきた街だ。浅草・上野・神田・日本橋・銀座などから新宿・渋谷・中野・吉祥寺へ重心を移してきた。震災や戦争で被災した寺社が移転する場合も、たいていは東から西へと移っている。

そして、古い街となった東京東側は「下町」とくくられるようになる。「川向こう」という言

言問橋西詰から見たスカイツリー

葉は下町の下位区分であり、隅田川によって二分された下町間の意識の違いを反映している。このように、スカイツリーが立地するのは下町の中でももっとも東側、東京がまだ江戸を駆逐しきっていない地域なのである。

スカイツリーの建設中、二〇一一年三月一一日、東日本大震災が発生した。建設途中であったが、震度五強の揺れにも耐えた。その際、スカイツリーの耐震構造が話題になった。スカイツリー内部は空洞になっており、そこにタワーからは独立した直径約八メートルの円筒が立てられている。五重塔の心柱に由来する制振構造が採用されていたのだ。また、デザインも五重塔と重ねて語られる。東京タワーのように四つの脚が広がるわけではなく、狭い接地面しかない状態で塔が高くそびえているのだ。

スカイツリーは、足下に残る濃厚な江戸東京の宗教文化を吸い上げるようにして屹立する。五重塔と重なる構造とデザインを持ち、隅田川東岸に立地する。他方で、都心には珍しい大型ショッピングモールが併設され、世界一高い自立式電波塔でもある。こうしたスカイツリーが備える対極的な特徴は、荷風を混乱させたのと同じものではないだろうか。スカイツリーは、ある種の居心地の悪さを覚えさせるような江戸と東京の混在を引き継いだ塔なのである。

終　章

物語の強度が生み出す聖地

†物語聖地論の射程

本書では、物語によって区別される場所を聖地と定義し、江戸東京の寺社について見てきた。最初に何か特別なものがあるから物語が生まれるのではなく、何かをきっかけに物語が生まれることで、その場所が特別になるという視座である。

もちろん、本書とは異なる立場の聖地論も存在する。聖地へのアプローチは①実在論、②場所論、③構築主義の三つに整理できる（山中弘「作られる聖地・蘇る聖地」）。①実在論的アプローチは、聖なるものを実体的に想定し、それとの関連で場所に聖性が与えられるとするものだ。神仏や超自然的存在に場所の聖性の根拠を求める立場であり、信仰者のアプローチと言って良いだろう。

②場所論的アプローチは場所自体に何らかの喚起力を想定する立場である。地理的・環境的

特徴が人間の知覚に働きかけて特別な効果をもたらすからこそ、その場所が聖地になるというものだ。神仏のような存在を前提するわけではないが、場所そのものに特異な力があると想定する。場所の力を主観的に感じようとする点で、詩人のアプローチと言える。

実在論も場所論も、信仰者の内面世界に迫れるというメリットはあるが、やはり学問的ではない。場所論は、実在論よりは説得力があるように思えるが、自然そのものに神仏や精霊を見出すアニミズムの文化圏においては、超自然的存在を想定しているのとほとんど変わらない。そうした意味で、いずれも宗教的としか言いようのないアプローチなのである。

場所論的アプローチからは、まず自然や地形などに際立った特徴があり、それゆえに、その場所をめぐる物語が生まれたという反論があるかもしれない。巨大な一枚岩や巨木、深い洞窟、切り立った山、岬などは独特の雰囲気を醸し出す。たしかに、こうした条件は物語を付着させやすくさせるかもしれない。しかし、特異な物理的環境だけに聖地の成立要件を求めることは難しい。聖地ではない巨石や巨木や洞窟や山や岬があまりに多すぎるのだ。

†何もない聖地

場所論的アプローチの限界を示す例として沖縄の御嶽《うたき》を挙げておきたい。御嶽とは、琉球の宗教文化において祭祀や礼拝が行われる聖域の総称だ。南城市にある斎場《せーふぁ》御嶽は歴代琉球王が巡礼した場所であり、世界文化遺産に登録されたことでも知られているだろう。
御嶽は他にも無数にあり、その形態はさまざまだが、特に多いのは森の中の特定空間が御嶽とされる場合である。芸術家の岡本太郎（一九一一〜九六）は次のように説明している。

私を最も感動させたものは、意外にも、まったく何の実体も持っていない――といって差支えない、御嶽《うたき》だった。

御嶽――つまり神の降る聖所である。この神聖な地域は、礼拝所も建っていなければ、神体も偶像も何もない。森の中のちょっとした、何でもない空地。そこに、うっかりすると見過してしまう粗末な小さい四角の切石が置いてあるだけ。（『沖縄文化論――忘れられた日本』）

御嶽には何かしら石組みが築かれていたりする場合もあるが、なぜそこが聖域なのかが分からないものが多い。周囲には、似たような空間が他にいくらでも存在しているのだ。
沖縄本島や八重山の御嶽を訪れた太郎は、続いて久高島《くだかじま》の大ウタキに向かう。久高島は琉球を創生した女神アマミキヨが降り立ったとされる聖なる島だ。この御嶽もやはり「クバやマーニ（くろつぐ）がバサバサ茂っているけれど、とりたてて目につく神木らしいものもなし、神秘としてひっかかってくるものは何一つない」場所であった。太郎は、枯葉に埋まる切石のうち、どれが聖なる石なのかを案内人に尋ねるが、はぐらかされてしまう。

これだ、と言われれば、そうかと思う。そのつもりになって、見ようもあるが、でなけりゃどうしたって、ただの石っころだ。

何の手応えもなく御嶽を出て、私は村の方に帰る。何かじーんと身体にしみとおるものがあるのに、われながら、いぶかった。なんにもないということ、それが逆に厳粛な実体となって私をうちつづけるのだ。ここでもまた私は、なんにもないということに圧倒される。それは、静かで、幅のふとい歓喜であった。

あの潔癖、純粋さ。——神体もなければ偶像も、イコノグラフィーもない。そんな死臭をみじんも感じさせない清潔感。

神はこのようになんにもない場所におりて来て、透明な空気の中で人間と向いあうのだ。

（同書）

御嶽の何もない空間から右のような体験を引き出せるのは、太郎の芸術的天才とフランス留学時代に身につけた民族学・宗教学の学識が合わさったからだ。人並み外れた素養があった太郎だからこそ、聖地への場所論的アプローチという達人技を駆使できたのである。

こうした視座に対して、本書が依拠するのが③構築主義的アプローチである。場所に対する人間の語りや振る舞いに注目するのだ。本書では、聖地にまつわる物語を調べることで、ある場所がいかに聖地として語られるようになったのか（あるいは、語られなくなったのか）を明らかにしてきた。

そして、近世以降、急速に都市化した江戸東京の聖地を考える場合、自然環境よりも街をとりまく社会文化的変容に注目するのが有効だ。街の変化の速さが多くの物語を生み出し、それゆえに江戸東京には多くの聖地がある。時代ごとに聖地に紐づけられる物語がしばしば入れ替わるのも特徴である。

†四谷・須賀神社

他方、物語による聖地定義が漠然としているのも間違いない。

本書では、伝統宗教と関わる場所を中心にとり上げてきたが、物語と紐づけられるのは宗教施設以外にもいくつもある。特に近年では、聖地というと宗教的な場所よりも、アニメや映画の舞台を指す場合が多い。そして、これらの場所を訪れることは聖地巡礼と呼ばれている。

実のところ、成り立ちについて言えば、宗教的な聖地もアニメの聖地も大差ないように思われる。特に第六章でとり上げたフィクションが作る聖地は、アニメ聖地巡礼と同じコンテン

須賀神社の階段を撮影する訪問者

ツ・ツーリズムに分類できる。要するに、情報が付加されることで意味を与えられた空間が聖地なのだ。しかも、神社や寺がアニメや映画の舞台に選ばれることも多く、状況は複雑である。

二〇一六年で言えば、長編アニメ映画『君の名は。』(新海誠監督)が大ヒットしたことで聖地になった須賀神社が話題になった。寛永年間、大伝馬町の名主が島原の乱で功績を挙げたのをきっかけに創建された神社だ。名主が褒美として四谷一帯を拝領することになった時、神田明神に伝馬町の守護神として祀られていた須佐之男命が、元々あった稲荷社に合祀されたのが始まりだと伝えられる。

四谷鎮守となった須賀神社だが、その後は、特に目立ったエピソードがあるわけではない。

祭礼で神輿を落とした、氏子の若者が荒々しすぎるため神輿を担ぐのが禁止されたといった話くらいしかない。他の多くの神社と同じように、地域に埋め込まれた神社だったのだ。

こうした状況を一変させたのがアニメ作品だった。須賀神社の一部がラスト・シーンで用いられ、多くのファンが訪れるようになった。典型的なアニメ聖地の発生と言って良いだろう。物語との結びつきから見た場合、宗教的聖地もアニメ聖地もほとんど同じ発生パターンをたどる。場所と関係する物語が共有されて、人が集まるようになるのだ。

しかし、両者には違いもある。須賀神社の場合、厳密に言えば、物語が付着したのは社殿や境内ではなく、神社へと上がっていく階段だ。実際、須賀神社を訪れたアニメ・ファンは当然のように階段を撮影するが、全員が参拝したり、境内の写真を撮るわけではない。ファンにとっては、須賀神社はたまたま背景に選ばれた場所にすぎない。同社の歴史や祭神などは本質的な要素ではなく、そもそもそこが神社である必要性すらないのである。

†物語の持続性

さらに大きな違いが場所に付着した物語の持続性である。一〇〇年程度ですべての構成員が入れ替わる社会において、数百年単位で語り継がれる聖地は、社会文化的な不動点として意味を持つ。本書で繰り返し見てきたように、現在いるすべての社会の構成員が生まれる前も死んだ後も特別なものとして語られる場所は、たとえば地域のアイデンティティをつなぎとめる場として機能するのである。

一方、アニメ聖地の場合はどうだろうか。世代を超える持続性という点で、宗教的聖地とは決定的な違いがあるように思われる。たしかにアニメ聖地巡礼の先駆例である埼玉県の鷲宮《わしみや》神社の場合、地元商工会や有志のファンなどホストとゲストの交流が続いている。中でも土師祭《はじさい》において、神社の千貫神輿とアニメ・ファンの神輿が一緒に担がれるようになったことは特筆に値する（鷲宮神社の詳細については拙著『聖地巡礼』を参照）。

しかし、こうしたケースは珍しいのではないだろうか。鷲宮神社以降、各地のフィルム・コミッションが積極的に地元を舞台にしたアニメ制作の誘致を行い、多くのご当地アニメが作られた。だが、それらすべてが聖地となったわけではない。逆に、集客狙いの意図が見透かされて批判されたものもある。さらに、放映直後は訪問者を引き寄せたとしても、それを何十年も持続させるのは難しいだろう。宗教的聖地とアニメ聖地の最大の違いは数十年から数百年の単位で見た場合の場所と物語の持続性だ。場所をめぐる物語が、世代を超えて受け継がれるかどうかなのだ。

宗教的聖地の場合も、場所に紐づけられる物語が変わることはある。ある物語が別の物語によって置き換えられたり、駆逐されたりする。だが、アニメ聖地の場合、同じ場所に別の物語が新たに付着することは稀だろう。新しい物語には新しい舞台が準備される。一つの場所には一つの物語だけが付着し、古い場所は物語ごと忘却されてしまうのではないだろうか。

†場所の強度

宗教的聖地の場合、同じ場所をめぐって物語が積み重ねられる。その上、そこで語られることが事実であったとされている点が大きいだろう。本書では、事実かそうでないかにかかわらず、場所をめぐって交わされる語りをすべて物語と呼ぶ。どんなに正確な記録が残されていたとしても、語りが人から人へ、世代から世代へと伝えられてゆくうちに脚色される。

フィクションが作り出す聖地がその典型である。赤穂浪士も、お岩さんも、鼠小僧も、新選組も、いずれも歴史上実在した人物と考えて良い。だが、彼らをめぐる語りが種々のメディアで増殖する過程で、話はさまざまに脚色されてゆく。そして、どのように語られるかで、吉良は被害者にも生来の悪人にもなり、お岩は怨霊にも貞女にもなる。

しかし、物語を語る本人たちは、そうした脚色には無頓着だ。場所について自分が知る物語は歴史的事実だと信じている。極端な例を挙げれば、聖母出現のような奇蹟は非カトリック信者には明らかなフィクションだが、信者にとってはまぎれもない事実だ。他ならぬその場所で何らかの出来事があったと信じているからこそ、そこは聖地になる。繰り返しになるが、それが客観的な事実かどうかは分からない場合がほとんどだ。だが、語る本人たちの主観においては事実なのである。

そして、こうした主観に基づく事実性は場所に強度を与える。他でも良かったわけではなく、その場所でなければならない理由ができるのだ。他でもありえたかもしれないアニメ聖地に比べ、主観的とはいえ、事実に基づく場所の物語は持続性を獲得するのである。

このように見てくると、江戸東京は主観的事実としての物語が生まれやすい街である。バブル期の土地開発は時に古い聖地の新たな一面を掘り起こす。高層ビル化が進むことで新たな聖地の形が模索される。政治体制の交代が直に影響するからこそ、聖地の姿が抜本的に変えられる。大震災や戦争は新時代の聖人と共に、新たな慰霊の形も生み出してきた。これらは、根本的には、近世以来の異様なまでの人と資本の集積という都市環境によるものと理解して良いはずだ。江戸東京こそ聖地から考えるべき街であり、場所の物語を読み解く面白さのある街なのである。

おわりに

物語的聖地論から江戸東京を再考するというのが、本書のコンセプトである。目次を見て頂ければお分かりのように、一般的な東京認識よりもだいぶ東側に偏っているだろう。とり上げた場所の中で地理的にもっとも西側にあるのは明治神宮だと思われる。

本書がこうした構成になった理由は、第二章で論じたように、近世以降の江戸東京の形成史そのものにある。幕府によって朱引《しゅびき》という形で江戸の範囲が定められた。朱引を中心に政治・経済・文化が営まれるようになり、その範囲に物語が集中的に蓄積されてきたのである。

近年、東京の東側への注目が増している。挙げればきりがないが、都築響一『東京右半分』、速水健朗『東京β――更新され続ける都市の物語』、三浦展『スカイツリー　東京下町散歩』といった著作が、東京東側の歴史や社会文化の蓄積にあらためて光をあててきた。西進の中で忘れられつつあった東側が含み持つ資源が再考されている。本書も聖地論からの東京東側再考としてお読み頂ければ幸いである。

本書の記述に垣間見えてしまったと思われるが、筆者自身、東京東側の文化の中に浸ってきた。私事で恐縮だが、上野の寛永寺文化圏で生まれ育ち、根岸・谷中・入谷・浅草といったあたりが幼少期に親しんだ地域だ。隅田川から東、銀座から西はよく分からなかった。その後、池袋を経由して上板橋の中高一貫校へ通い、だいぶ東京観が広がった。東京にも市があること、板橋や世田谷や目黒には農協があることを初めて知った。

大学以降は京都、パリと移り住み、また東京に戻った。いわゆる旧都や首都のような街ばかりに住んできたが、物語という点から見た場合、共通点があるように思われる。それは街の隅々に物語が浸透していることだ。一〇分も歩かないうちに物語が付着した場所があり、その界隈は独特の性格を持った場として語られるのだ。物語によって街が細かく分節化されているのである。

こうした状況は郊外とは対照的だろう。土地に物語が蓄積していないため、住所が物理的位置を表す以上の意味を持たず、ある場所と別の場所が質的に区別されないのだ。もちろん、右のような街の中でも商業地にしか住んだことのない筆者には、郊外や住宅地を読解する能力が欠けているのは間違いない。偶然ではあるが、札幌のすすきのに暮らして本書を執筆したことは、街と物語の関係を考える上で有意義な変化であった。

最後に筆者をいつも支えて下さる学兄畏友の御名前を記して謝意を表したい。粟津賢太氏、川崎のぞみ氏、杉内寛幸氏、徳野崇行氏には資料収集の段階から御指導頂いた。心より感謝申し上げたい。上林《かんばやし》達也氏には相変わらず厳しい御指導と若干の励ましのようなものを頂戴し続けている。

御担当頂いた松田健氏には企画段階から大変にお世話になった。編集経験が豊富な氏から、的確な御助言と共に本書とは一見無関係なお話を聞かせて頂くのは、筆者にとってこの上なく貴重で楽しい時間であった。最後まで無関係だったお話もあったが、多くは何らかの形で本書に生かされているはずである。

そして、上野浅草界隈で夜の調査研究を長いこと共にしてきた碧海《おおみ》寿広氏の御名前を挙げさせて頂きたい。氏には草稿段階ですべての原稿に目を通して頂くことができた。氏の容赦ない御指導のお蔭で、本書がどれだけ読むに耐えうるものになったか分からない。互いに東京を離れてからは、すっかり会う機会が減ってしまったが、氏とともに足繁く通ったあの地下の酒場が再開すると聞き、あらためて東京の変化の速さを思い知らされる。

岡本亮輔

二〇一七年正月

参考文献一覧

秋本治『両さんと歩く下町――『こち亀』の扉絵で綴る東京情景』集英社新書、二〇〇四年。

芥川龍之介『芥川龍之介全集』全八巻、ちくま文庫、一九九四年。

浅井了意『江戸名所記』名著出版、一九七六年。

阿佐田哲也『麻雀放浪記・青春篇』双葉社、一九六九年。

荒俣宏『帝都物語』角川書店、一九八五年。

――『江戸の幽明――東京境界めぐり』朝日新書、二〇一四年。

アレクサンダー、M・R『塔の思想――ヨーロッパ文明の鍵』池井望訳、河出書房新社、一九七二年。

五十嵐太郎『美しい都市・醜い都市』中央公論新社、二〇〇六年。

池田雅史『ニコライ堂と日本の正教聖堂』東洋書店、二〇一二年。

石井研士『銀座の神々――都市に溶け込む宗教』新曜社、一九九四年。

石出猛史「江戸の腑分けと小塚原の仕置場」『千葉医学雑誌』八四（一）、二〇〇八年。

磯田光一『思想としての東京――近代文学史論ノート』講談社文芸文庫、一九九〇年。

井潤裕「アジテーター市川與一郎と「物語」としての尼港事件」『境界研究』特別号、二〇一四年。

市古夏生・鈴木健一編『新訂　江戸名所図会』1~6、ちくま学芸文庫、一九九六、九七年。

伊東忠太「日本佛塔建築の沿革」『建築雑誌』一四（一六六）、一九〇〇年。

――「論説――江戸の建築」『建築雑誌』三〇（三五四）、一九一六年。

稲垣史生『江戸考証読本』新人物文庫、二〇一五年。

今井昭彦『近代日本と戦死者祭祀』東洋書林、二〇〇五年。

海野十三『海野十三敗戦日記』講談社、一九七一年。

江馬務「結婚の歴史」日本風俗史学会編『文化風俗選書』雄山閣出版、一九七一年。

エリアーデ、M『聖と俗――宗教的なるものの本質について』風間敏夫訳、法政大学出版局、一九六九年。

黄暁波「「仮面」の深層における構造――芥川龍之介「鼠小僧次郎吉」試論」『文学研究論集』二六、筑波大学比較・理論文学会、二〇〇八年。

――「芥川龍之介「鼠小僧次郎吉」とその時代背景――同時期の短編群を参照して」『文学研究論集』二七、筑波大学比較・理論文学会、二〇〇九年。

大久保治男「徳川幕府刑法の特色と概況――殺し、盗み、火付の事例」『武蔵野学院大学大学院研究紀要』一、二〇〇八年。

大島建彦「江島杉山神社の信仰」『西郊民俗』二三五、二〇一三年。

大町桂月『大町桂月全集』桂月全集刊行會、一九二三年。

大宮直記・下村彰男・熊谷洋一「名所図会・百景にみる近代以降の東京における「景」の変遷に関する研究」『ランドスケープ研究』五八（四）、一九九五年。

大森志郎「間引・縁女・水子塚――松平定信の人口政策とその由來」『東京女子大學論集』三（二）、一九五三年。

大森房吉「五重塔の振動に就きて」『建築雑誌』三三五（四一五）、一九二一年。

岡本綺堂『半七捕物帳』全六巻、光文社時代小説文庫、二〇〇一年。

――「四谷怪談異説」『綺堂随筆　江戸の思い出』河出文庫、二〇〇二年。

岡本太郎『忘れられた日本――沖縄文化論』中央公論社、一九六一年。

岡本亮輔『聖地巡礼――世界遺産からアニメの舞台まで』中公新書、二〇一五年。

片山文彦「花園神社から見た観光」『観光』四五〇、二〇〇四年。

河合直人「五重塔振動調査――大森房吉調査から振動台実験」『建築雑誌』一二一（一五四六）、二〇〇六年。

河口慧海『チベット旅行記』講談社学術文庫、一九七八年。

菊池寛『真珠夫人』新潮文庫、二〇〇二年。

北原糸子「関東大震災における避難者の動向――「震災死亡者調査票」の分析を通して」『災害復興研究』四、二〇一二年。

木村豊「空襲の犠牲者・死者を想起する――「せめて名前だけでも」という語りを通して」『慶應義塾大学大学院社会学研究科紀要』六九、二〇一〇年。

――「東京大空襲の死者と遺族――〈個別化〉／〈一般化〉の志向性のあいだで」『三田社会学』一六、二〇一一年。

熊本英人「近代曹洞禅僧の僧堂観」『印度學佛教學研究』五二（二）、二〇〇四年。

幸田露伴『五重塔』岩波文庫、一九九四年。

小島烏水『小島烏水全集』大修館書店、一九七九年。

小林加代子「赤穂浪士の評価に見る日本人の「義」について」『人間文化創成科学論叢』一五、二〇一二年。

小林憲夫「『江戸名所百景』現代東京版――江戸東京今昔比較による現代の視点」『駒沢女子大学研究紀要』一七、二〇一〇年。

今和次郎『新版大東京案内』ちくま学芸文庫、二〇〇一年。

サイデンステッカー、エドワード・G『谷中、花と墓地』みすず書房、二〇〇八年。

齋藤晃道「寺とコンクリート」『コンクリート工学』二七（二）、一九八九年。

斎藤環『世界が土曜の夜の夢なら――ヤンキーと精神分析』角川書店、二〇一二年。

坂口安吾『堕落論・日本文化私観』岩波文庫、二〇〇八年。

坂口英伸「『大正十二年関東震災殃死者名簿』について――高野山金剛峯寺に保管されたタイル製霊名簿「一万年保存」の解明!?」『タイルの本』八五、二〇一五年。

坂崎重盛『東京読書――少々造園的心情による』晶文社、二〇〇八年。

坂詰秀一「浅草寺創建年代考」『立正大学文学部論叢』三八、一九七〇年。

佐々木邦博・平岡直樹「『江戸名所記』に見る一七世紀中頃の江戸の名所の特徴」『信州大学農学部紀要』三八、二〇〇二年。

佐藤健二『浅草公園　凌雲閣十二階――失われた〈高さ〉の歴史社会学』弘文堂、二〇一六年。

司馬遼太郎『新選組血風録』中公文庫、二〇一五年。

柴田徳衛「江戸から東京へ——土地所有の変遷」『東京経済大学学会誌（経済学）』二五一、二〇〇六年。

子母澤寛『新選組始末記——新選組三部作』中公文庫、一九九六年。

祐田善雄『浄瑠璃史論考』中央公論社、一九七五年。

鈴木章生「近世後期における江戸名所めぐりの諸相」『交通史研究』三五、一九九五年。

住家正芳「ナショナリズムはなぜ宗教を必要とするのか——加藤玄智と梁啓超における社会進化論」『宗教研究』八七（一）、二〇一三年。

台東区芸術・歴史協会『古老がつづる下谷・浅草の明治、大正、昭和』八、一九九一年。

高田衛「たとえば勘平——忠臣蔵はなぜすたらないか？」『日本文学』一二（一）、一九六三年。

高村光雲『幕末維新回顧談』岩波文庫、一九九五年。

武田幸也「神宮奉斎会から神社本庁へ」『神社本庁総合研究所紀要』二〇、二〇一五年。

田中貢太郎『怪奇・伝奇時代小説選集〈三〉新怪談集』春陽文庫、一九九九年。

——「四谷怪談」志村有弘編『怪奇・伝奇時代小説選集〈一三〉』春陽文庫、二〇〇〇年。

田邊泰「寛永寺建築論」『建築雑誌』五一（六二四）、一九三七年。

谷口貢「稲荷信仰と地域社会」『二松學舍大學東洋學研究所集刊』三〇、二〇〇〇年。

千葉栄「神社信仰の変遷——素盞雄神社来由記（仮称）を中心にして」『白山史学』一五・一六合併号、一九七一年。

津川安男『江戸のヒットメーカー——歌舞伎作者・鶴屋南北の足跡』ゆまに書房、二〇一二年。

續谷真紀「新選組「復権」への系譜——司馬遼太郎の歴史構築」『早稲田大学大学院教育学研究科紀要』別冊一七（一）、二〇〇九年。

常吉幸子「「忠臣蔵」の精神史——有利・不利という視点から」『活水論文集文学部編』五七、二〇一四年。

程亮「変貌する狐憑き伝承の類型と諸相——近世随筆と近代口頭伝承における計量的比較考察」『神戸女学院大学論集』五九（二）、二〇一二年。

東京市役所編『東京市史稿　宗教篇』一～三、一九三二～四〇年。

内藤正人「幕末江戸の、ひとり観光旅行――『江戸名所独案内』にみる、近世末期の江戸市中旅ガイド」『Booklet 18 文化観光――『観光』のリマスタリング』慶應義塾大学アート・センター、二〇一〇年。

仲井幸二郎「もうひとつの忠臣蔵――四谷怪談考」『藝文研究』八、一九五八年。

永井荷風『日和下駄』講談社文芸文庫、一九九九年。

長尾榮一「杉山和一――管鍼誕生のヒント」『医道の日本』六八（九）、二〇〇九年。

中川大地『東京スカイツリー論』光文社新書、二〇一二年。

長沢利明『江戸東京の庶民信仰』三弥井民俗選書、一九九六年。

長縄光男『ニコライ堂小史――ロシア正教受容一五〇年をたどる』東洋書店、二〇一一年。

中野毅「アメリカの対日宗教政策の形成」『創価大学比較文化研究』七、一九九〇年。

中村一基「『仮名手本忠臣蔵』のドラマツルギー――「心底」に憑かれた者たちの攻防戦」『岩手大学教育学部附属教育実践研究指導センター研究紀要』七、一九九七年。

中山太郎『タブーに挑む民俗学――中山太郎土俗学エッセイ集成』河出書房新社、二〇〇七年。

西村賢太『東京者がたり』講談社、二〇一五年。

西山弘泰「新聞記事が描く戦後上野公園」『文学研究論集』二五、明治大学大学院文学研究科、二〇〇六年。

新田次郎『富士に死す』文藝春秋、一九七四年。

長谷川時雨『随筆　きもの』実業之日本社、一九三九年。

――『旧聞日本橋』岩波文庫、一九八三年。

バルト、R『表徴の帝国』宗左近訳、ちくま学芸文庫、一九九六年。

――『エッフェル塔』宗左近・諸田和治訳、ちくま学芸文庫、一九九七年。

樋口一葉『にごりえ・たけくらべ』新潮文庫、二〇〇三年。

久木幸男「乃木自殺と教育界」『横浜国立大学教育紀要』一〇、一九七〇年。

日沼滉治「露伴〈五重塔〉小考」『北海道武蔵女子短期大学紀要』二六、一九九四年。

――「露伴十九章」『北海道武蔵女子短期大学紀要』三七、二〇〇五年。

平瀬礼太「大山巌、寺内正毅、広瀬武夫、肉弾三勇士……あの銅像は、どこへ消えたのか。」『東京人』二九（三）、二〇一四年。

平出鏗二郎『東京風俗志』ちくま学芸文庫、二〇〇〇年。

廣瀬愛「映画　四谷怪談考――深作欣二『忠臣蔵外伝　四谷怪談』の特異性（一）」『尚絅学院大学紀要』六八、二〇一四年。

福本日南『元禄快挙録』岩波文庫、一九八二年。

フーコー、M『監獄の誕生――監視と処罰』田村俶訳、新潮社、一九七七年。

堀口大學『雪国にて――堀口大学詩集』柏書院、一九四七年。

前田愛『都市空間のなかの文学』ちくま学芸文庫、一九九二年。

松井圭介「寺社分布と機能からみた江戸の宗教空間」『地学雑誌』一二三（四）、二〇一四年。

松崎憲三「縁切習俗の現在――板橋の縁切榎・門田稲荷・野芥縁切地蔵尊」『日本常民文化紀要』三〇、二〇一四年。

三浦展『スカイツリー　東京下町散歩』朝日新聞出版、二〇一一年。

三木清「読書遍歴」『現代日本思想』三三、筑摩書房、一九七五年。

三田村鳶魚『三田村鳶魚全集』中央公論社、一九七五～八三年。

宮田登『都市民俗論の課題』未来社、一九八二年。

――『江戸のはやり神』筑摩書房、一九九三年。

――『江戸の小さな神々』青土社、一九九七年。

村井益男『江戸城――将軍家の生活』中公新書、一九六四年。

村尾嘉陵『江戸近郊道しるべ』阿部孝嗣訳、講談社学術文庫、二〇一三年。

室井康成『首塚・胴塚・千人塚――日本人は敗者とどう向きあってきたのか』洋泉社、二〇一五年。

森栗茂一「水子供養の発生と現状」『国立歴史民俗博物館研究報告』五七、一九九四年。

矢田挿雲『新版　江戸から東京へ』全九巻、中公文庫、一九九八～九九年。

山中弘「作られる聖地・蘇る聖地」星野英紀ほか編『聖地巡礼ツーリズム』弘文堂、二〇一二年。

山本光正「観光地としての東京」『国立歴史民俗博物館研究報告』一〇三、二〇〇三年。

夢野久作『夢野久作全集』ちくま文庫、一九九二年。

吉田正高「解き放たれた大名屋敷内鎮守と地域住民」江戸遺跡研究会編『江戸の祈り――信仰と願望』吉川弘文館、二〇〇四年。

吉見俊哉『都市のドラマトゥルギー』弘文堂、一九八七年。

ちくま新書
1244

江戸《えど》東京《とうきょう》の聖地《せいち》を歩《ある》く

二〇一七年三月一〇日　第一刷発行

著　者　岡本亮輔（おかもと・りょうすけ）

発行者　山野浩一

発行所　株式会社 筑摩書房
東京都台東区蔵前二-五-三　郵便番号一一一-八七五五
振替〇〇一六〇-八-四一二三

装幀者　間村俊一

印刷・製本　三松堂印刷 株式会社

〒三三一-八五〇七　さいたま市北区櫛引町二-六〇四
筑摩書房サービスセンター　電話〇四八-六五一-〇〇五三

ISBN978-4-480-06951-1 C0221

ちくま新書

1178 銅像歴史散歩〈カラー新書〉 墨威宏
歴史的人物や偉人の像、アニメのキャラクター像など日本全国の銅像を訪ね歩き、カラー写真と共に、豊富なエピソードや現地の情報を盛り込んで紹介する楽しい一冊。

975 町の忘れもの なぎら健壱
路地裏から消えた物たち。失われた景色。それらは、人々の記憶と暮らしの息吹もろとも消えてゆく。もはや戻らない時を追い求め、写真と文章でつづる町の記憶。

1219 江戸の都市力 ―― 地形と経済で読みとく 鈴木浩三
天下普請、参勤交代、水運網整備、地理的利点、統治システム、所得の再分配……地形と経済の観点を中心として、未曾有の大都市に発展した江戸の秘密を探る！

1144 地図から読む江戸時代 上杉和央
空間をどう認識するかは時代によって異なる。その違いを象徴するのが「地図」だ。古地図を読み解き、日本の形を作った時代精神を探る歴史地理学の書。図版資料満載。

1094 東京都市計画の遺産 ―― 防災・復興・オリンピック 越澤明
幾多の惨禍から何度も再生してきた東京。だが、インフラ未整備の地区は数多い。首都大地震、防災への備え、五輪へ向けた国際都市づくりなど、いま何が必要か？

937 階級都市 ―― 格差が街を侵食する 橋本健二
街には格差があふれている。古くは「山の手」「下町」と身分によって分断されていたが、現在もその構図は変わっていない。宿命づけられた階級都市のリアルに迫る。

1201 入門　近代仏教思想 碧海寿広
近代日本の思想は、西洋哲学と仏教の出会いの中に生まれた。井上円了、清沢満之、近角常観、暁烏敏、倉田百三らの思考を掘り起こし、その深く広い影響を解明する。